Hans Fink

EIN HONIGFADEN
DER LOGIK

Hans Fink

EIN HONIGFADEN DER LOGIK

Die Grundbegriffe von der heiteren Seite

KRITERION VERLAG BUCUREȘTI 1989

Einbandgestaltung : DANA SCHOBEL-ROMAN

ISBN 973-26-0050-0

EINLEITUNG

Alles mit Köpfchen

Wie viele Schwänze hat eine Katze? Die Antwort ist leicht, weil die Frage leicht ist — trotzdem kommt manch einer in Verlegenheit.
Die vom Fragesteller gewünschte, angeblich allein richtige Antwort lautet nämlich: Drei Schwänze. Dazu gibt es folgende Erklärung: Jede normale Katze hat einen Schwanz — und damit einen Schwanz mehr als keine Katze. Keine Katze hat zwei Schwänze. Weil nun eine Katze noch einen Schwanz mehr hat als keine Katze, muß jede normale Katze drei Schwänze haben.
Mit diesem Scherz prüfen die Erwachsenen gern, inwieweit ein Kind schon folgerichtig denken kann. Die Erklärung zur Antwort verstößt gegen zwei Grundsätze der Logik. Wenn es nämlich einleitend heißt, die Katze hat einen Schwanz, dann muß man dabei bleiben (Satz von der Identität), und wenn die Prämisse wahr ist, dann kann eine Konklusion, die etwas Gegensätzliches aussagt, nicht ebenfalls wahr sein (Satz vom ausgeschlossenen Widerspruch). Hier wird mit zwei Grundelementen der Logik gespielt.
Der Mensch macht sich die wichtigsten Gesetze des logischen Denkens in früher Kindheit zu eigen, zugleich mit der Sprache. Andernfalls könnte er die einfachsten Aufgaben des täglichen Lebens nicht bewältigen. Es gibt einen sogenannten Kettenreim mit den häufigsten Antonymenpaaren, den man im Kindergarten lernt, eine Variante lautet:

Eins, zwei, drei,
alt ist nicht neu,
neu ist nicht alt,
warm ist nicht kalt,
kalt ist nicht warm,
reich ist nicht arm,
arm ist nicht reich,
hart ist nicht weich,
groß ist nicht klein,
grob ist nicht fein,
dunkel ist nicht hell,
langsam ist nicht schnell,
eckig ist nicht rund,
schwarz ist nicht bunt,
schmal ist nicht breit,
eng ist nicht weit,
sauer ist nicht süß,
Händ' sind keine Füß',
Füß' sind keine Händ',
's Lied hat ein End'.

Dieser Kettenreim läßt erkennen, wie frühzeitig die Kinder den Inhalt des Satzes vom ausgeschlossenen Widerspruch begreifen, demzufolge ein Ding nicht gleichzeitig zwei entgegengesetzte Eigenschaften aufweisen kann.

Unterhaltsame Beispiele für Fortschritte im Denken finden wir in der beliebten Erzählung „Alice im Wunderland" von Lewis Caroll. Das Buch ist 1865 erschienen. Man kann es als den ersten Schrei der modernen Kinderliteratur betrachten, weil der Verfasser konsequent die kindliche Denkweise berücksichtigt. Für uns sind die Denkaufgaben und Denkfehler interessant, die er in die Handlung eingebaut hat. Wenn der kleine Leser lacht, dann hat er die Aufgaben gelöst und die Fehler entdeckt. Es kommt andererseits vor, daß ein Erwachsener, der sich nicht in die Kindheit zurückversetzen kann, den Text für albern hält und das Meisterwerk alsbald aus der Hand legt.

Im Kaninchenloch etwa kostet Alice von einer Flüssigkeit, die ihr ausgezeichnet schmeckt — nach einer Mischung aus Kirschtorte, Eierpastete, Ananas, Putenbraten, Sahnebonbons und knusprigem Buttertoast. So etwas ist aber platterdings unmöglich; ein Getränk kann nur einen Geschmack haben oder gar keinen. Gleich darauf schrumpft Alice durch den Genuß der Flüssigkeit zusammen. Nun überlegt sie, ob sie nach weiterem Schrumpfen verlöschen könnte wie eine Kerzenflamme und was für ein Bild sie dann abgeben würde; sie versucht vergeblich, sich eine ausgeblasene Kerzenflamme vorzustellen. Im Garten fragt sich das Mädchen, wo der Pilz, der vollkommen rund ist, seine zwei Seiten hat. Und so weiter.

Die Menschen lernen sprechen, ohne die Namen für Wortarten und Satzarten, ohne den Wortlaut der Regeln für Beugung und Satzbau zu kennen. Ohne Grammatik studiert zu haben, sind sie imstande, falsche Formulierungen von den richtigen zu unterscheiden. Sie machen sich mit Witzen über fehlerhafte Formulierungen lustig und beweisen mit Sprachspielereien, wie gut sie die Sprache beherrschen.

Genauso verhält es sich mit dem Denken und mit der Logik. Es gibt eine ausgefeilte Lehre vom folgerichtigen Denken, doch im Alltag kommen wir ohne die Terminologie dieser Lehre aus. Ohne die Theorie der Logik studiert zu haben, vergnügen wir uns an Witzen und Anekdoten, die Denkfehler zum Gegenstand haben, prüfen wir mit Scherzfragen, Rätseln und anderen Denkaufgaben den Scharfsinn unserer Gesprächspartner.

Die Gesamtheit dieser Texte belegt ein weitverbreitetes Bewußtsein der Denkschwierigkeiten sowie der möglichen Fehler. Obwohl sie keine Fachausdrücke enthalten und nicht als Teile eines Systems in Erscheinung treten, kann man sie insgesamt als Vorstufe der wissenschaftlichen Darstellung betrachten.

Vielleicht wurden manche für didaktische Zwecke erfunden. Etliche sind gewiß nur aus Lust am Spielen entstanden. Als Beispiel führe ich den Witz mit den Hühnern an.

Schmidt ärgert sich, weil Müllers Hühner über den Zaun fliegen und in seinem Garten scharren. Er hat sich schon wiederholt beschwert, aber ohne Erfolg.

„Weißt du was?" rät eines Tages seine Frau. „Streiten nützt doch nichts. Bring lieber abends ein paar Eier zu den Beeten und sammle sie morgens vor Müllers Augen ein. Das wird garantiert helfen."

Die Pointe beruht auf mehreren Schlüssen: 1. Schmidt hat mehrmals protestiert, seitdem die Hühner seinen Garten zerstören. Obwohl die Hühner weiter über den Zaun fliegen, protestiert er auf einmal nicht mehr. Also hat sich etwas zu seinen Gunsten geändert. 2. Wenn Schmidt dort Eier einsammelt, wo vorher Müllers Hühner waren, dann stammen sie wahrscheinlich von diesen Hühnern. 3. Schmidts Beschwerden haben nichts genützt, weil es Müller gleichgültig war, ja vielleicht sogar angenehm, daß seine Hühner sich ihr Futter in einem fremden Garten suchen. Dagegen ist die Aneignung der Eier durch Schmidt ein Verlust. Also wird Müller handeln.

In einer Variante ist vom Erfolg des Tricks die Rede.

Fragt der Konnerth den Schuller: „Wie hast du es erreicht, daß die Hühner nicht mehr in deinen Garten kommen?"

„Ich habe so lange nachts Eier auf die Blumenbeete verteilt und sie am Morgen eingesammelt, bis die Nachbarin mich bei dieser Tätigkeit überraschte."

Ich meine, das Vergnügen am obigen Witz entspringt hauptsächlich den logischen Operationen. Was berechtigt zu dieser Behauptung? Die Einzelheiten, auf die es ankommt, sind ausgesprochen wirklichkeitsfremd; wer über Hühner Bescheid weiß, kann das nicht übersehen: 1. Ein Huhn legt seine Eier nicht heute hier und morgen dort, sondern immer an derselben, gewohnten Stelle. 2. Das Nest befindet sich, wenn man die Wahl dem Huhn überläßt, an einem versteckten, überdachten Ort — auf keinen Fall werden Eier auf ein Gemüse- oder Blumenbeet gelegt. 3. Die Hühner legen nicht nachts. 4. Die Hühner gackern, wenn sie ein Ei gelegt haben.

Die Scherzfragen und Rätsel, die anderen Denkaufgaben, die Witze und Anekdoten, welche Gesetze und Regeln des richtigen Denkens bzw. mögliche Fehler zum Gegenstand haben, sind im Laufe der Zeit millionenmal erprobt worden, sie stellen das Ergebnis einer gründlichen Auslese dar. Infolgedessen eignen sie sich hervorragend dazu, als Beispiele zu dienen, wenn Elemente der Logik erläutert werden sollen. Im vorliegenden Buch werden sie weitgehend zu diesem Zweck herangezogen. Ich glaube, das ist ein guter Weg, um Leser zu fesseln, die sonst teils durch naive Beispiele, teils durch abstrakt formulierte Erklärungen abgestoßen werden. Außerdem verwende ich zur Veranschaulichung Vorfälle aus der Geschichte der Wissenschaft, Stellen aus belletristischen Werken, Reklametexte, Kathederblüten und Zitate aus Gerichtsprotokollen. Die Texte, die einen Denkfehler enthalten, stammen aus humoristischen Sammlungen, waren also schon Gegenstand einer gezielten, spezifischen Auswahl. Hier seien stellvertretend für diese Gruppe die wunderlichen Aussprüche des Professors Johann Georg August Galletti, eines Zeitgenossen Goethes, genannt, der als „Vater der Kathederblüte" in die Literatur eingegangen ist. Galletti war ein Mensch mit umfassender Bildung, seine Kathederblüten kamen dadurch zustande, daß er schneller dachte als sprach — zuweilen preßte er Teile von mehreren Gedanken in einen einzigen Satz. Aus dem Zusammenhang gerissen, erscheinen solche Sätze, die seine Schüler gesammelt und veröffentlicht haben, als Resultat eines Denkfehlers, und das macht sie für uns interessant.

Der Aufbau des vorliegenden Buchs entspricht dem eines Lehrbuchs der Logik. Nicht der Inhalt, sondern die Art der Veranschaulichung weicht vom Üblichen ab. Der Inhalt beschränkt sich auf Grundbegriffe, mit denen wir — oft unbewußt — im täglichen Leben operieren, auf das Abc der sogenannten formalen Logik: die vier Grundsätze, dann die Begriffe, die Definitionen, die Aussagen, die Schlüsse und was damit zusammenhängt. Das meiste davon hat schon der griechische Gelehrte Aristoteles, der vor 2300 Jahren lebte, in seinen Schriften behandelt. Freilich kommen in der Praxis auch komplexe Probleme vor, deren Analyse komplizierte logisch-mathematische Operationen erfordert. In der Neuzeit haben die Forscher Instrumente für solche Operationen geschaffen, doch das entsprechende Wissen geht über den gesteckten Rahmen hinaus.

Durch das Denken unterscheidet sich der Mensch von den Tieren. Durch das Denken überwindet er seine materielle Begrenztheit. Bert Brecht hat den Reiz dieser Beschäftigung im Drama „Leben des Galilei" verherrlicht, er läßt seinen Helden sagen (dritte Szene):

(...) Die Alte, die am Abend vor der Reise dem Maulesel mit der harten Hand ein Extrabüschel Heu vorlegt, der Schiffer, der beim Einkauf der Vorräte des Sturmes und der Windstille gedenkt, das Kind, das die Mütze aufstülpt, wenn ihm bewiesen wurde, daß es regnen kann, sie alle sind meine Hoffnung, sie alle lassen Gründe gelten. Ja, ich glaube an die sanfte Gewalt der Vernunft über die Menschen. Sie können ihr auf die Dauer nicht widerstehen. Kein Mensch kann lange zusehen, wie ich (er läßt aus der Hand einen Stein auf den Boden fallen) einen Stein fallen lasse und dazu sage: er fällt nicht. Dazu ist kein Mensch imstande. Die Verführung, die von einem Beweis ausgeht, ist zu groß. Das Denken gehört zu den größten Vergnügungen der menschlichen Rasse.

Freilich gibt es Personen, die diese Vergnügung noch nicht schätzen können. Auf sie ist der folgende Witz gemünzt.

„Sie langweilen sich bestimmt sehr?" fragt Frau Meier mitleidig einen alleinstehenden Rentner.

„Nein, weshalb denn?" widerspricht der. „Ich sitze tagelang da und denke nach."

„Sie denken nach — aber was machen Sie sonntags?"

„Oh, sonntags?" Der Greis belebt sich. „Sonntags gestatte ich mir eine Ruhepause: dann sitze ich bloß da."

I. DIE VIER GRUNDSÄTZE

Wie müssen wir vorgehen, um aus sicheren Kenntnissen eine neue Einsicht zu gewinnen? Das eben sagt uns die Logik. Sie ist die Lehre vom korrekten Denken, eine Wissenschaft für sich. Ihre Gesetze sind aus der Wirklichkeit abgeleitet. Wenn man diese Gesetze anwendet, gelangt man zu Schlußfolgerungen, die auf die objektive Realität zutreffen. Panurge [1] wußte genau, daß alle Schafe einer Herde blindlings dem Leithammel folgen. Um dem ungehobelten Viehhändler eine Lehre zu erteilen, kaufte er ihm den Leithammel ab und stieß denselben über Bord — daraufhin sprangen die anderen Schafe ebenfalls ins Meer. So erzählt es Rabelais in dem berühmten Roman „Leben des Gargantua und Pantagruel" (und seither sind die Worte *wie die Schafe des Panurge* zu einer sprichwörtlichen Redensart für Nachäfferei geworden).

Von den zahlreichen Gesetzen, die unser Denken steuern, haben vier besondere Bedeutung, weil sie jedwelcher Überlegung zugrundeliegen. Deshalb heißen sie Grundsätze oder Prinzipien der Logik: der Satz von der Identität, der Satz vom ausgeschlossenen Widerspruch, der Satz vom ausgeschlossenen Dritten und der Satz vom zureichenden Grund. Sie widerspiegeln allgemeine Eigenschaften der Dinge und der Beziehungen zwischen ihnen.

Weil die Welt einheitlich ist, kennzeichnen die vier Grundsätze das Denken aller Menschen. Sie wirken spontan; ohne theoretische Schulung beachtet sie jedermann, auch wer keine Ahnung davon hat, daß es sich um Elemente einer besonderen Wissenschaft handelt.

1. Der Satz von der Identität

Der erste Grundsatz der Logik besagt, daß ein Ding identisch ist mit sich selbst und mit keinem anderen. Ganz kurz formuliert: $A = A$.

---

[1] Panurge — eine literarische Gestalt bei François Rabelais, lies: Panürsch.

In Wirklichkeit verändern sich alle Dinge fortwährend, manche relativ schnell, andere relativ langsam. Das wird einem in der Schule spätestens im Gymnasium und dann immer wieder bewußt gemacht. Ein griechischer Philosoph des Altertums, er hieß Heraklit und lebte vor 2400 Jahren, hat diese Erkenntnis in der berühmten Bemerkung festgehalten, daß man nicht zweimal im selben Fluß baden kann. Es geht nicht, weil sich einerseits beständig das Wasser erneuert und sich andererseits Flußbett sowie Uferlandschaft unablässig wandeln. Der menschliche Körper verändert sich von Sekunde zu Sekunde; an diesem Vorgang sind der Stoffwechsel, das Zellenwachstum und die höhere Nerventätigkeit beteiligt. Auch die Sprachen verändern sich — am auffälligsten durch die Erneuerung des Wortbestands —, so daß wir schon Mühe haben, die Form unserer Muttersprache zu verstehen, die vor 300 Jahren im Schwang war, dabei bedeuten 300 Jahre bloß zwölf Generationen.

Doch oft genug bleiben wesentliche Eigenschaften eines Dings lange Zeit erhalten. Infolgedessen weisen viele Dinge eine relative Stabilität auf. Die Donau beispielsweise fließt seit Menschengedenken durch dieselben geographischen Zonen. Eine Person behält unabhängig von Stoffwechsel, Zellenwachstum und höherer Nerventätigkeit ihre Erbeigenschaften, ihre Gewohnheiten, ihre Erinnerungen und ihre Zugehörigkeit zu verschiedenen Gruppen: Familie, Nachbarschaft, Arbeitsplatzgemeinschaft usw. Obwohl die Unterschiede zwischen Althochdeutsch und Neuhochdeutsch nach tausend Jahren Sprachentwicklung gewaltig sind — so groß, daß kein Laie das Althochdeutsche versteht —, stimmen der Grundwortbestand sowie die wichtigen grammatischen Strukturen der zwei Formen überein, was uns berechtigt, sie als Entwicklungsstufen derselben Sprache zu betrachten.

In der Praxis bauen wir auf diese relative Stabilität. Eben diese Tatsache kommt im Satz von der Identität zum Ausdruck.

Unser Denken ist nur dann konsequent, wenn die Forderung erfüllt wird, daß wir den Gedanken einen genauen Sinn verleihen und diesen Sinn beibehalten. Sonst könnten sich die Menschen untereinander nicht verständigen.

Mit Rücksicht auf den Satz von der Identität dürfen wir ein Ding A nicht übergangslos mit einer Eigenschaft ausstatten, die es vorher nicht hatte; ebensowenig dürfen wir ihm übergangslos eine Eigenschaft nehmen. Ein heiler Topf darf nicht unvermittelt als leck, ein grüner Apfel nicht plötzlich als reif erscheinen. A muß, während wir eine Überlegung anstellen oder ein Gespräch führen, gleich bleiben mit A.

Ein Verstoß gegen diese einfache Forderung ist nicht leicht zu begreifen. Es fällt uns schwer, den texanischen Millionär für voll zu nehmen, der, aus der Schweiz zurückgekehrt, die Nase rümpfte: „Ich verstehe die allgemeine Begeisterung nicht. Man nehme Berge und Seen weg — was bleibt da übrig?" Dabei ist der Millionär, wenn man mit unserem Problem vergleicht, auf halbem Wege stehengeblieben. Er hat bloß eine, wenn auch naive, Hypothese formuliert. Das ist erlaubt. Nur beim Formulieren von Hypothesen werden einem Ding bewußt Eigenschaften verliehen oder genommen, ohne daß ein Verstoß gegen den Satz von der Identität geschieht.

Ein bekanntes Gedichtchen aus der Folklore-Sammlung „Des Knaben Wunderhorn" (veröffentlicht 1806—1808 von Clemens Brentano und Achim von Arnim) spielt mit dem Satz von der Identität. Man zählt es gewöhnlich zur sogenannten Nonsens-Literatur, doch kann hier von Nonsens keine Rede sein: Der Text veranschaulicht scherzhaft eben die Einsicht, daß A sich nicht unvermittelt verändern darf.

EI DER TAUSEND!

Ich saß auf einem Birnenbaum,
wollt' Gelbe Rüben graben,
da kam derselbe Bauersmann,
dem diese Zwiebeln waren.

„Ach, ach, du Schelm, du Hühnerdieb!
Was machst du in den Nüssen?"
So hatt' ich all mein Lebetag
kein' beßre' Pflaumen 'gessen. (...)

Der Volksmund hat die Binsenweisheit des ersten Grundsatzes der Logik in Redensarten, Schwänke, Witze und Anekdoten eingebaut, die verschiedene Ursachen für Abweichungen erkennen lassen. Mögliche Ursachen sind Geistesverwirrung, Gedächtnisschwäche, unlautere Absicht und Mangel an Aufmerksamkeit. Der Sprecher macht nur im letzten Fall einen Fehler. Der Zuhörer oder Gesprächspartner aber macht einen Fehler, sooft er einen solchen Verstoß durchgehen läßt.

Ich beginne mit der Geistesverwirrung, weil diejenige Gruppe der sogenannten Narrenwitze, die sich auf sie bezieht, gleichzeitig die Beachtung des Satzes von der Identität als normal und selbstverständlich betont. Der bekannte Witz mit dem eingebildeten Licht läßt uns das Schema erkennen, das für diese Gruppe kennzeichnend ist.

EINE LAMPE

Der Krankenhausinspektor entdeckt in einem Saal der Irrenanstalt einen Mann, der mit dem Kopf nach unten von der Decke hängt. Er fragt den ihm zunächst stehenden Patienten nach dem Grund.

„Ach", antwortet jener, „Otto bildet sich ein, daß er eine Lampe ist."

„In dieser Lage wird er einen Hirnschlag erleiden — holt ihn sofort herunter!"

„Runterholen? Das geht nicht, sonst haben wir kein Licht mehr."

Der Patient sagt zuerst, daß Otto sich einbildet, eine Lampe zu sein, gleich darauf handelt er so, als ob Otto tatsächlich eine Lampe wäre. Ein Geisteskranker kann nichts für solche Verstöße. Bei Gesunden dagegen wiegen sie als Fehler.

Spaßhalber werden dieselben Verstöße auch Ärzten und Krankenschwestern angelastet, wobei man stillschweigend voraussetzt, daß ihre Umgebung auf sie abgefärbt hat.

DIE NIAGARAFÄLLE

Ein Psychiater beklagt sich bei seinem Kollegen: „Ich weiß nicht mehr, was anfangen. Ein Patient bietet mir täglich die Niagarafälle zum Kauf an."

„So nimm sie doch!"

„Ich kann nicht — er verlangt einen viel zu hohen Preis!"

Häufiger als Geistesverwirrung tritt Gedächtnisschwäche als Ursache für Verstöße auf, weil sie eine verbreitete Alterserscheinung ist.

KLOPFEN AUF HOLZ

Drei Frauen unterhalten sich über die lästigen Folgen des Alterns.

„Manchmal stehe ich vor dem Kühlschrank", klagt die eine, „und weiß plötzlich nicht mehr, ob ich etwas hineingetan habe oder etwas herausnehmen wollte."

„Halb so schlimm", meint die andere. „Ich stehe oft am Fuße einer Treppe und kann mich nicht erinnern, ob ich sie hinaufsteigen wollte oder eben heruntergekommen bin."

„Da bin ich ja noch gut dran", erklärt die dritte erleichtert, „so etwas kenne ich überhaupt nicht", und sie klopft auf Holz. Gleich darauf erhebt sie sich von ihrem Stuhl und sagt: „Oh, da scheint jemand an der Tür zu sein."

Wir kommen zu einer weiteren Ursache. Es ändert nichts am Wesen eines Dings, daß man ihm einen neuen Namen gibt; das veranschaulichen die ersten der folgenden Witze. Doch wenn der Namenswechsel in böser Absicht erfolgt, verdient der Urheber zumindest Spott und Hohn.

DER IRRTUM

Anja spielte im Kindergarten mit einer Puppe. Plötzlich rief sie: „Fräulein, mich beißt ein Floh!"

Die Kindergärtnerin winkte ab: „Ach, Anja, das ist ein Irrtum."

Anja spielt weiter, nach einer Weile ruft sie erneut: „Fräulein, der Irrtum beißt schon wieder!"

(Aus der Sammlung „Kindermund"; Bd. 2, S. 46)

GUTER RAT

Ein Schuster weiht seinen neuen Lehrling in die Geheimnisse des Fachs ein. „Frag niemals eine Frau nach ihrer Schuhnummer."

„Warum nicht?" will der Lehrling wissen.

„Weil du deine Zeit verlierst, wenn du versuchst, ihr einen Schuh von dem Maß anzupassen, das sie dir genannt hat."

LAUWARMES WASSER

„Gegen ihre Magenschmerzen sollten Sie jeden Morgen auf nüchternen Magen ein Glas lauwarmes Wasser trinken", rät der Arzt.

„Aber Herr Doktor, das tue ich ja schon seit Jahren, nur nennt meine Frau das Tee..."

AM WALDSEE

Der Förster kommt am Waldsee vorbei und bemerkt, daß dort jemand badet. „He, Sie, haben Sie nicht die Aufschrift ‚Baden verboten' gelesen?"

„Ich bade nicht, ich ertrinke!"

„Das ist was anderes", meint der Förster, „das ist hier nicht verboten."

DAS GRAS

Aus einem Gerichtsprotokoll: „(...) Es stimmt, daß ich mich verpflichtet habe, für tausend Lei, die ich dem Kläger zahlen sollte, das Gras auf seinem Grundstück zu mähen und zu meinem Haus zu bringen, doch in Wirklichkeit habe ich das nicht getan, sondern die Rinder zu jenem Grundstück geführt, damit sie dort weiden — und das ist eine Sache, für die ich ihm nichts zahlen werde, weil ich diesbezüglich keine Abmachung mit ihm hatte."

DER ERFINDER

„Wo ist eigentlich unser Küchenchef?"

„Er denkt sich einen neuen Namen für die gestrigen Schnitzel aus."

Umbenennungen in böser Absicht sind eine besondere Art von Lügen. Anschließend ein lustiges Gedicht, das ebenfalls von einer Lüge handelt (eigentlich von zwei Lügen).

DER GROSSE HUND

Ging ein Knabe neulich
mit dem Großpapa;
auf dem Weg erzählt' er,
alles, was er sah.

„Ja, fürwahr! So sah ich —
hör genau mir zu! —
einen Hund, der größer
war als eine Kuh."

Und da sprach der Alte:
„Ei, was sahest du!
Einen Hund, der größer
war als eine Kuh?

Hör denn! Eine Brücke
liegt von hier nicht weit.
Und darüber müssen
wir in kurzer Zeit.

Wenn du hast gelogen,
stürzt die Brücke ein,
und dann fällst du wahrlich
in den Fluß hinein."

Als sie näher kamen,
ward der Knabe blaß.
Und er sprach zum Alten:
„Ei, wie war doch das?

Hab ich recht gesehen
oder sah ich halb?
Nein, der Hund war größer,
größer als ein Kalb."

Als der Knabe endlich
vor der Brücke stund,
sprach er: „Nein, der Hund war
wie ein andrer Hund."

Hoffmann von Fallersleben

Lügen haben kurze Beine, versichert ein bekanntes Sprichwort. Der nachstehende Witz bringt mit anderen Worten dieselbe Erkenntnis zum Ausdruck.

DIE WAHRHEIT SAGEN

„Nun mein Junge", fragt der Großvater, „weshalb ist es wohl am besten, immer die Wahrheit zu sagen?"
„Weil man dann nicht nachzudenken braucht, was man früher mal erzählt hat."

GARIBALDIS MEMOIREN

„In diesem Zimmer", erklärt der Museumsführer, „hat Garibaldi seine Memoiren geschrieben."
„Vor einem Monat sagten Sie dasselbe über einen Raum im ersten Stock."
„Das stimmt, aber jenes Zimmer wird jetzt repariert."

REKLAME

„Das also ist der neueste Stoff, den Sie haben?"
„Die Fabrik hat ihn gestern geliefert."
„Wird er auch nicht ausbleichen?"
„Ich bitte Sie, er liegt schon zwei Monate im Schaufenster!"

EINE SCHWIERIGE GRENZE

„Nächste Woche werde ich dreißig!"
„Das hast du vor einem Jahr auch schon behauptet!"

„Ich bin eben keine Frau, die heute dies sagt und morgen jenes!"

ZU GUTES PLÄDOYER

Beim Prozeß schildert Vogels Anwalt seinen Mandanten als ausgezeichneten Charakter, korrekt, gewissenhaft, ehrlich und gütig. Schließlich hält Vogel nicht mehr an sich, springt auf und unterbricht den Redner: „Hohes Gericht! Ich habe diesem Kerl ein Heidengeld gezahlt, damit er mich verteidigt, und jetzt spricht er seit einer halben Stunde von einem anderen..."

Wenn ein Mensch sich in widersprüchlichen Erklärungen oder Entschuldigungen verhaspelt, zitiert man gern folgende Redensart: *Erstens habe ich den Topf heil zurückgebracht, zweitens hatte er schon ein Loch, als ich ihn kriegte, und drittens habe ich ihn gar nicht geborgt.* Man könnte sagen, daß der nachstehende Witz diese Redensart variiert.

JE NACHDEM

„Mademoiselle, kann ich den Direktor sprechen?"
„Wer sind Sie: der Vertreter einer Firma, der Inkassator oder ein Bekannter?"
„Sowohl das eine wie das andere und das dritte."
„Erstens ist der Direktor in einer Sitzung, zweitens ist er für drei Wochen verreist, und drittens werde ich Sie gleich anmelden."

Die vierte mögliche Ursache für Verstöße gegen den Satz von der Identität sind Unaufmerksamkeit und Gedankenlosigkeit.

DIE TORTE

„Ich möchte jene Erdbeertorte kaufen", sagt eine Frau im Backwarengeschäft.
„Soll ich sie gleich in zwölf Stücke schneiden?"
„Nein, bitte nur in sechs. Mehr schaffe ich nämlich nicht."

Hier wird auch ein Gesetz der Mathematik mißachtet. Die Anzahl der Teile eines Ganzen steht im umgekehrten Verhältnis zum Umfang der Teile. Das gilt auch bei Torten; der Witzheld aber spricht so, als ob die zwei Größen direkt proportional wären.

KLEINE BIRNEN

„Geben Sie mir bitte fünf Kilo Birnen, aber möglichst kleine."
„Weshalb?"
„Damit ich nicht so schwer tragen muß."

Im Alltag führen Mißverständnisse aller Art dazu, daß zwei Menschen meinen, über denselben Gegenstand zu sprechen, sich aber in Wirklichkeit auf verschiedene Dinge beziehen. Homonyme, Wörter mit mehrfacher Bedeutung, ähnlich klingende Wörter sind an Irrtümern schuld. Manchmal kommt so etwas in einem Theaterstück vor und löst Heiterkeit aus. Zwar ist ein Mißverständnis noch kein Fehler, doch kann er sich zum Fehler auswachsen, wenn die Gesprächspartner trotz der auftauchenden Widersprüche in ihrem Irrtum verharren.

BEIM ARZT

„Ihre Frau gefällt mir nicht", sagt der Arzt nach der Untersuchung besorgt.
„Mir schon lange nicht", entgegnet Plischke. „Aber was soll man machen? Sie kocht gut, sie ist treu und die Wohnung hält sie sauber."

UMGEKEHRT

„Wenn ich Kaffee trinke, kann ich nicht schlafen."
„Bei mir ist es umgekehrt: Wenn ich schlafe, kann ich nicht Kaffee trinken."

WIE MAN'S MACHT

Der Geschäftsführer eines Warenhauses hört, wie der neue Verkäufer einer Kundin erklärt: „Leider nein, Frau Schwarz. Darauf warten wir schon lange, und ich fürchte, daß wir auch in nächster Zukunft nicht damit rechnen können."
Entsetzt stürzt der Geschäftsführer auf die Kundin zu: „Natürlich bekommen wir den Artikel bald herein. Wir haben

ihn bereits letzte Woche bestellt." Dann nimmt er seinen Verkäufer beiseite. „Niemals", herrscht er ihn an, „dürfen Sie vor einem Kunden zugeben, daß wir irgend etwas nicht haben... Sagen Sie stets, daß die Ware bestellt und in den nächsten Tagen wieder auf Lager ist. Was wollte die Frau eigentlich?"

„Regen."

DAS STÄNDCHEN

Ein Mann, der durch ein Dorf ging, begegnete einer Gruppe festlich gekleideter Leute, die ein Ständchen darbringen wollten; er blieb stehen und hörte andächtig zu. In seiner Nähe hockte ein Naturforscher, der dem Zirpen einer Grille gelauscht hatte.

„Wundervoll", sagte nachher der Wanderer.

„Ja", fügte der Naturfreund hinzu, „besonders wenn man bedenkt, daß sie die Töne durch Aneinanderreiben der Hinterbeine erzeugen."

Es gibt Scherzfragen, die von doppelsinnigen Wörtern ausgehen. So auch die Frage, wieviel Brötchen man nüchtern essen könne. *Nüchtern* bedeutet streng genommen, daß der Magen leer ist, und auf leeren Magen kann man nur ein Brötchen essen — denn nachher ist er nicht mehr leer; im übertragenen Sinn jedoch bedeutet *nüchtern,* daß man Hunger hat. Die meisten Menschen ziehen den übertragenen Sinn in Betracht und antworten dann falsch.

Um Mißverständnisse zu vermeiden, muß man sich vergewissern, ob der Gesprächspartner dasselbe meint, und zwar sooft es notwendig scheint. Beim Telefonieren greifen wir zu einer zusätzlichen Sicherheitsmaßnahme: wir kontrollieren, ob wir tatsächlich mit der gewünschten Person verbunden sind. Lieber fragen als irrgehen.

2. Der Satz vom ausgeschlossenen Widerspruch

Der zweite Grundsatz der Logik besagt, daß zwei Aussagen, die einander widersprechen, nicht zugleich und in derselben Beziehung wahr sein können. Zum Beispiel: (1) Wasser ist eine Flüssigkeit. Wasser ist ein Gas. [Das bedeutet einschließlich: Wasser ist keine Flüssigkeit.] (2) Kochsalz ist dem Menschen bekömmlich. Kochsalz ist für den Menschen schädlich. (3) Kupfer ist leicht zu bearbeiten. Kupfer ist schwer zu bearbeiten. (4) Das Schwarze Meer liegt im Süden. Das Schwarze Meer liegt im Norden. Von zwei solchen Aussagen ist notwendigerweise eine unwahr, manchmal sind beide falsch.

Der zweite Grundsatz widerspiegelt eine objektive Tatsache: Es kommt nicht vor, daß ein Ding eine bestimmte Eigenschaft hat und zugleich nicht hat. (Als Eigenschaften gelten hier auch Tätigkeiten und Beziehungen aller Art.) Freilich verdienen die Einschränkungen *zugleich* und *in derselben Beziehung* die größte Aufmerksamkeit. Wasser ist unter bestimmten Druck- und Temperaturverhältnissen eine Flüssigkeit, unter anderen ein Gas oder ein fester Körper. Der menschliche Organismus braucht die Elemente Natrium und Chlor, die wir z. T. mit der üblichen Nahrung, z. T. in Form von Kochsalz aufnehmen, doch während der gesunde Erwachsene bis zu zehn Gramm Kochsalz pro Tag verträgt, sind für einen Säugling zwei Gramm tödlich. Kupfer ist leicht zu bearbeiten, wenn wir es mit Eisen vergleichen, doch im Vergleich mit Kunstharzen schneidet es schlecht ab. Von Rumänien aus gesehen liegt das Schwarze Meer im Osten, von Kleinasien aus — im Norden, vom Kaukasus aus — im Westen, von der Ukraine aus — im Süden. Wir erkennen an diesen Beispielen, wie irreführend allgemeine, aus dem Kontext gelöste Behauptungen sein können.

EIN BRAVES KIND

„Wie schwer ist es doch, ein Kind zu erziehen", klagt ein Mann seinem Gegenüber in der Straßenbahn. „Haben Sie vielleicht ein Kind?"

„Ja."

„Und macht es keine Schwierigkeiten?"

„Nein."

„Wieso? Schreit es nicht auf der Straße? Schmeißt es keine Scheiben ein? Ist es nicht frech zu den Nachbarn?"

„Nein."

„Phantastisch! Wie alt ist das Kind?"

„Ein Jahr und zwei Monate."

Die Menschen begreifen die objektive Tatsache, die der Satz vom ausgeschlossenen Widerspruch zum Ausdruck bringt, schon im Kindergartenalter. Deshalb empfinden wir Verstöße gegen diesen Grundsatz als besonders lächerlich. Nehmen wir einen mißratenen Werbetext unter die Lupe. Man hat ihn, weil er trotz seiner Kürze auffallend widersinnig ist, als Titel für eine humoristische Sammlung verwendet. Der Werbetext lautet: *Lebende Karpfen — auch geteilt.* Natürlich ist beides zusammen nicht möglich. Entweder ist der Fisch lebendig und muß dann noch ganz sein, oder er wurde in Stücke geschnitten und ist dann bereits tot. Was wollte der unaufmerksame Texter bekanntmachen? Versuchen wir seine Aussage sinnvoll zu ergänzen. Sie könnte heißen: Hier gibt es Karpfen, und zwar lebende. Man kann sie lebend kaufen, doch auf Wunsch des Kunden werden sie vom Verkäufer geschlachtet, ausgenommen und zerteilt.

Wenn zwei Parteien sich an einen Richter wenden, damit er entscheidet, welche von ihnen im Recht ist, denken sie an den Satz vom ausgeschlossenen Widerspruch.

Selbstverständlich gibt es zahlreiche Witze, die von einem Verstoß gegen den zweiten Grundsatz der Logik leben. Damit die Pointe gut ist, muß der Widerspruch klar zum Ausdruck kommen. Der Witz darf die oben genannten Einschränkungen nicht mißachten.

Bei dem folgenden Text läßt die Pointe eben deshalb zu wünschen übrig, weil der Widerspruch durch die Mehrdeutigkeit der Aussage verwischt wird.

IM OBSTGARTEN

„Wozu dient jene Hütte im Obstgarten?"
„Ei, dort drin schläft der Wächter, wenn er das Obst bewacht."

Zur Zeit der Obsternte bzw. der Weinlese hält sich der Wächter wochenlang im Obstgarten auf — selbstverständlich schläft er dann zwischendurch in der eigens dazu eingerichteten Hütte. In diesem Fall schließen sich Wächter sein und schlafen nicht aus.

UNMÖGLICH

Auf welche Frage kann man nicht aufrichtig mit ja antworten? (Gemeint ist die Frage: Bist du eingeschlafen?)

DIE KLINGEL

„Sie haben mir doch versprochen, die Klingel zu reparieren", mahnt Frau Kunze den Elektriker, als sie ihn auf der Straße trifft.

„Stimmt. Ich habe auch schon dreimal an Ihrer Tür geläutet, aber es hat keiner geöffnet."

GLEICH SCHULD

Ehestreit im Hause Roth. „Gut", sagt Frau Roth, „ich gebe zu, daß wir beide gleich schuld sind, besonders aber du!"

AUCH EINE KUNST

„Guten Tag, Frau Schmidt! Gestern habe ich Ihren Mann getroffen, aber er hat mich nicht gesehen!"

„Ja, das hat er mir erzählt."

ZERSTREUTER PROFESSOR

„Freut mich, Sie zu sehen. Wie geht es Ihrem Mann?"

„Ich bin nicht verheiratet, Herr Professor."

„So so, Entschuldigung. Dann ist also Ihr Gemahl noch Junggeselle?"

DAS WUNDER

Ein Museograph stellte Picasso die Frage, welches das größte Wunder in der Kunst sei.

„Rubens."

„Warum?"

„Weil von den 2000 Bildern, die er gemalt hat, 4000 erhalten geblieben sind."

Anschließend betrachten wir die scherzhafte Redensart, mit der man im Banat ein buntes Gemisch kommentiert: *Aus jedem Dorf ein Hund, und aus* (es folgt der Name einer Ortschaft) *Lenauheim ein Pudel.* Das sagt man beispielsweise beim Rummy-Spielen, wenn die Steine auf der Tafel bei Spielbeginn so verschieden sind, daß es nicht möglich ist, Terzen zu bilden. In dieser Aussage wird mit dem zweiten Grundsatz der Logik gespielt. Der allgemeinen Behauptung im ersten Satz wird scheinbar eine Ausnahme entgegengestellt — und wenn es eine Ausnahme gibt, stimmt die allgemeine Behauptung nicht; doch dann zeigt es sich, daß die vermeintliche Ausnahme einen Befund darstellt, der die allgemeine Behauptung durch einen konkreten Fall bestätigt.

ANONYME UNTERSCHRIFT

In dem Lustspiel „Ein verlorener Liebesbrief" von Ion Luca Caragiale kommen zwei doofe Rechtsanwälte vor — Farfuridi und Brînzovenescu. Sie wittern einen Verrat im Zusammenhang mit der bevorstehenden Abgeordnetenwahl und beratschlagen über ein diesbezügliches Telegramm an die Parteizentrale (zweiter Akt, zweiter Auftritt).

Farfuridi: „Du mußt Mut haben wie ich. Du mußt unterschreiben: Wir schicken es anonym."

Brînzovenescu: „So ja. Ich unterschreibe."

DAS ABGESPERRTE RAD

Aus einem Gerichtsprotokoll: „(...) Nachdem ich an einem reservierten Tisch ruhig meinen Wein getrunken hatte, ging ich zur Hintertür hinaus und wollte mich mit dem Fahrrad des Klägers entfernen. Ich war schon etwa hundert Meter vom Restaurant entfernt, als ich bemerkte, daß das Rad abgesperrt war, so daß ich mir über den schwerwiegenden Charakter meiner Tat Rechenschaft gab und beschloß, mich zu bessern, denn bei den obigen Voraussetzungen hätte ich nicht weit kommen können, ohne gefangen zu werden."

Etliche Katheder blüten von Professor Galletti, die von einem Widerspruch leben, erscheinen als Verstöße gegen den zweiten Grundsatz der Logik.

Homer war eigentlich kein einzelner Mensch, sondern eine Dichterschule. Gelebt hat er zwischen 1000 und 900 vor unserer Zeitrechnung.

Die einzige Handschrift, die wir von Tacitus haben, ist verbrannt.

Olaf VI. war der Sohn Waldemars II., und alle Olafe hießen Olaf, bis auf den fünften, welcher Christian hieß.

Nach der Schlacht von Leipzig sah man Pferde, denen drei, vier und noch mehr Beine abgeschossen worden waren, herrenlos herumlaufen.

Die Stahlfabriken in Birmingham verbrauchen so viel Stahl, daß aller Stahl, welcher fabriziert wird, dazu nicht ausreichen würde.

Die Erde hat wie alle Körper Parallelkreise, die sich schneiden, und das ist die mathematische Geographie.

Wenn der Nordwind im Adriatischen Meer von Süden kommt, ist er nicht gefährlich.

DIE WETTE

Ein US-amerikanischer Journalist ging mit seinen Kollegen die Wette ein, er werde erreichen, daß zahlreiche Bürger guten Willens einen Text unterschreiben, in dem er den Präsidenten um den größten Unsinn ersucht. Tatsächlich legte er nach drei Tagen eine an Franklin Delano Roosevelt gerichtete Petition auf den Tisch, durch die 75 Personen ersuchten, der Präsident möge eine Rente für die Witwe des Unbekannten Soldaten vorschlagen.

WIE PARIS ÜBERLEGT

In einer alten Aufgabensammlung wird das „Urteil des Paris" folgendermaßen beschrieben: Die Göttinnen Hera, Aphrodite und Athene fragten den klugen Paris, wer von ihnen die Schönste sei. Sie selbst machten zuvor folgende Aussagen:

(1) Aphrodite : „Ich bin die Schönste."
(2) Athene: „Aphrodite ist nicht die Schönste."
(3) Hera: „Ich bin die Schönste."
(4) Aphrodite: „Hera ist nicht die Schönste."
(5) Athene: „Ich bin die Schönste."

Paris, der am Wegrand ausruhte, hielt es nicht der Mühe wert, das Tuch, das seine Augen vor den Sonnenstrahlen schützte, zu entfernen. Er sollte aber genau eine der drei Göttinnen als die Schönste feststellen. Dabei setzte er voraus, daß alle Aussagen dieser Schönsten wahr, alle Aussagen der beiden anderen Göttinnen jedoch falsch sind. Konnte Paris unter dieser Voraussetzung die von ihm geforderte Feststellung treffen? Wenn ja, wie lautet diese?

Paris könnte wie folgt schließen:

(1) Angenommen, Athene sagt die Wahrheit, also Athene wäre die Schönste. Nach Voraussetzung ist dann Aussage (4) falsch. Das führt zum Widerspruch, denn Hera kann nicht zugleich mit Athene die Schönste sein. Diese Annahme entfällt.

(2) Angenommen, Hera sagt die Wahrheit, also Hera wäre die Schönste. Nach Voraussetzung ist dann Aussage (2) falsch. Das führt ebenfalls zum Widerspruch, denn Aphrodite kann nicht zugleich mit Hera die Schönste sein. Also auch diese Annahme muß entfallen.

(3) Angenommen, Aphrodite sagt die Wahrheit, also Aphrodite wäre die Schönste. Die negierten Aussagen (2), (3) und (5) sind dann wahr und bestätigen, daß Aphrodite die Schönste ist.

Das „Urteil des Paris" lautet demnach: Aphrodite ist die Schönste.

Der Satz vom ausgeschlossenen Widerspruch ist im Bereich der elementaren Logik unbedingt gültig. Doch in der Wirklichkeit, die uns umgibt, treten gesetzmäßig Widersprüche auf. Unser Denken widerspiegelt die Wirklichkeit und stellt fallweise solche Widersprüche fest. Es gibt Aussagen, die sie wiedergeben — wahre Aussagen, die einander widersprechen. Mit solchen Erscheinungen beschäftigt sich die dialektische Logik.

3. Der Satz vom ausgeschlossenen Dritten

Der dritte Grundsatz der Logik ergänzt den zweiten. Er besagt, daß zwei Aussagen, von denen die eine verneint, was die andere behauptet, nicht gleichzeitig falsch sein können — eine muß stimmen, ein Drittes kommt nicht in Frage. Lateinisch sagt man: Tertium non datur — ein Drittes ist nicht gegeben. Dieser Satz heißt deshalb Satz vom ausgeschlossenen Dritten. Wir dürfen ihn als eine Variante, als eine mögliche Anwendung des Satzes vom ausgeschlossenen Widerspruch betrachten.

In der modernen Logik faßt man den zweiten und den dritten Grundsatz häufig zum **Satz der Zweiwertigkeit** zusammen, wonach von einer Aussage und ihrer Verneinung genau eine wahr und genau eine falsch ist.

Eine angeblich vorhandene dritte Möglichkeit ist jeweils die Folge eines Denkfehlers; wir machen uns mit Witzen über solche Denkfehler lustig.

ZUWENIG TÜNCHE

Ein Schotte tüncht sein Haus in fliegender Hast. „Warum beeilst du dich so?" möchte sein Nachbar wissen.
„Ich will fertig werden, bevor die Tünche ausgeht."

Die Tünche reicht oder sie reicht nicht, das ist vom Arbeitseifer ganz unabhängig. Es gibt Varianten: mit schnellem Stricken, damit nicht vorzeitig die Wolle, und mit schnellem Autofahren, damit nicht vorzeitig das Benzin ausgeht. Hier haben wir das Problem sozusagen in Reinkultur. In anderen Fällen kombiniert der Witzheld zwei Möglichkeiten, die sich gegenseitig ausschließen. Wer in den Spiegel schaut, schläft nicht, und wer schläft, kann nicht in den Spiegel schauen. Wenn ein Schuh innen groß ist, dann ist er auch außen groß, und wenn er außen klein ist, dann ist er auch innen klein. Und so weiter.

VOR DEM SPIEGEL

„Junge, warum stehst du mit geschlossenen Augen vor dem Spiegel?"
„Ach, ich möchte nur sehen, was für ein Gesicht ich mache, wenn ich schlafe!"

ZEHNMAL GERECHNET

Schüler: „Diese Rechnung habe ich zehnmal gelöst."
Lehrer: „Sehr gut."
Schüler: „Und hier sind die zehn Ergebnisse, die ich gefunden habe."

ECHT GABI

Frank faßt sich ein Herz: „Gabi, darf ich dich nach Hause bringen?"
„Nein", sagt Gabi, „ich gehe allein. Und wenn du mir nicht glaubst, kannst du ja mitkommen und dich überzeugen."

WER WAGT, GEWINNT

Ines zu Rita, die ganz unglücklich ist: „Und warum trittst du nicht gerade und offen vor deinen Freund hin und lügst ihm einfach etwas vor?"

LESEN IM BETT

„Mutti, darf ich lesen, bis ich einschlafe?"
„Ja, aber keine Minute länger."

SCHUHE NACH WUNSCH

Im Schuhwarenladen hat eine Kundin bereits sämtliche Regale durchwühlt. Schließlich sagt der unglückliche Verkäufer: „Werte Frau, ich glaube, wir bemühen uns beide vergebens. Schuhe, die innen groß und außen klein sind, führen wir nicht."

ZU LAUT GEBELLT

Der Hundezüchter hat Ärger mit einem Kunden, der ihm nach kaum einer Woche den gekauften Hund zurückbringt. „Er taugt nichts. Letzte Nacht hat er so laut gebellt, daß wir nicht hörten, wie jemand den Keller ausräumte."

Auch unter den Kathederblüten von Professor Galletti kommen Kombinationen von Möglichkeiten vor, die sich gegenseitig ausschließen. Zufällig haben es alle vier nachstehenden Aussprüche mit der Geschichte.

Früher trank man in Rom aus tönernen Gläsern.
Dann galoppierte Bayard in vollem Trab zum Tore hinaus.
Er zog den Säbel und schoß ihn nieder.
Die Franzosen gingen über das linke Rheinufer der Rhone zurück.

4. Der Satz vom zureichenden Grund

Der vierte Grundsatz der Logik fordert, daß eine Aussage, um als wahr zu gelten, durch ein vernünftiges Argument gerechtfertigt wird. Dieses Argument kann eine andere Aussage sein — der Ausspruch einer Autorität, die Erklärung aus einem Lexikon —, ebenso eine selbstgemachte Feststellung. Betrachten wir folgendes Beispiel. Die Mutter empfiehlt am Morgen, einen Regenschirm mitzunehmen, weil der Wetterdienst Regen angesagt hat. Genausogut könnte sie sich auf den Barometerstand oder auf den wolkenverhängten Himmel berufen. In allen drei Fällen erkennen wir die Mitteilung, daß es voraussichtlich regnen wird, als wahr an.

Der Grund gilt als zureichend, wenn sich aus ihm notwendigerweise die Wahrheit der betreffenden Aussage ergibt.

Der vierte Grundsatz beruht auf der Tatsache, daß alles, was in der Natur und in der Gesellschaft geschieht, eine Ursache hat. Bestimmte Ursachen bringen bestimmte Wirkungen hervor. Dieser Zusammenhang heißt Kausalität. Er ist die wichtigste Art von Beziehung zwischen den Dingen und Erscheinungen der materiellen Welt. Der Mensch merkt den Zusammenhang, wenn er beobachtet, wie veränderte Ursachen andere, von den früher festgestellten abweichende Wirkungen ergeben, und er nützt den Zusammenhang aus, indem er selbst die Ursachen ändert, um das gewünschte Ergebnis zu erhalten. Beispiele dafür gibt es hunderttausend. Denken wir bloß an die Zusammenhänge zwischen Frost und Eisbildung, Verwundung und Schmerz, regelmäßiges Begießen und Ertrag, Arbeitsteilung und Produktivität. Denken wir daran, wie wir beim Fotografieren durch das Verstellen von Linsen und Blende die Qualität der Aufnahme beeinflussen.

Die Kinder beginnen sich im vierten Lebensjahr für die Ursachen von Vorgängen und Zuständen zu interessieren. Sie stellen dann auffallend viele Fragen, die mit dem Wort *warum* beginnen, so daß man diesen Abschnitt der geistigen Entwicklung das „zweite Fragealter" genannt hat.

Ebenso wie die Erwachsenen sind die Kinder eher geneigt, eine unangenehme Mitteilung zu akzeptieren, wenn sie vernünftig begründet wird. Bei normaler Erziehung dürfte das zweite Fragealter nie aufhören.

In der folgenden Anekdote kommt eben jene frühe Einsicht zum Vorschein, daß alle Geschehnisse eine Ursache haben.

DIE LEITKUH

Eine Kindergärtnerin in Stockhausen ging mit den Kindern spazieren. Eben kamen die Kühe von der Weide.

„Warum läuft denn die eine Kuh vorneweg?" fragte eines der Kinder.

Ein Kind erwiderte: „Sie muß mal nötig."

Ein zweites Kind: „Nein, sie hat sicher Hunger."

Ein drittes schließlich: „Ach wo, die Kuh hat heute Tischdienst!"

(Aus der Sammlung „Kindermund"; Bd. 1, S. 66)

Vom sicheren Umgang mit der Kausalität künden Witze und Anekdoten, die eine Ursache als selbstverständlich voraussetzen. Im Vordergrund stehen Fehler und Schwächen wie Kleinlichkeit, Bequemlichkeit, Geiz, Betrug, Dummheit, Eifersucht, Selbstsucht, Zerstreutheit, Einbildung, Naivität, Gewinnsucht, Eitelkeit, Furcht und Scheinheiligkeit. Oft werden die Gedanken, auf die es uns ankommt — Behauptung und Begründung —, gar nicht in Worte gefaßt, das Publikum denkt sich die entsprechenden Sätze hinzu. Wäre dem nicht so, könnte der Text nicht zirkulieren. Betrachten wir beispielsweise den Witz mit der Abrechnung.

DIE ABRECHNUNG

Zwei Jungen pflückten für einen Gabrovoer[1] Kirschen. Am Abend zahlte er dem einen weniger.

„Warum gibst du mir weniger?" fragte der entrüstet.

„Dein Freund hat während des Pflückens gepfiffen."

Wir ergänzen den obigen Dialog durch folgende Aussagen: „Du verdienst weniger als dein Freund" (die Behauptung) und „Du hast nicht nur Kirschen gepflückt, sondern auch Kirschen gegessen" (die Begründung). Der Grammatikunterricht macht uns bewußt, daß wir laufend elliptische Sätze verwenden, ohne daß die Verständigung darunter leidet; wie man sieht, überspringen wir im Dialog sogar ganze Sätze, die je einen Schritt eines Gedankengangs darstellen.

Bei manchen Texten kommt die Pointe zustande, indem der Witzheld eine falsche Ursache angibt, obwohl die wahre

---

[1] Gabrovo ist eine kleine Stadt in Bulgarien, am Fuße des Balkangebirges. Der karge Boden hat ihre Bewohner zu Fleiß, Umsicht und großer Sparsamkeit erzogen. Wegen der letztgenannten Eigenschaft sind sie als Geizhälse verschrien und als solche sprichwörtlich geworden.

auf der Hand liegt. Man nennt so etwas Ausrede oder Lüge: Wir erkennen die (ausgesprochene oder hinzugedachte) Begründung nicht als wahr an.

ZWEI GLEICHE AUFSÄTZE

Der Lehrer gibt die Aufsätze zum Thema „Mein Hund" zurück. „Karlchen", sagt er, „deine Arbeit stimmt Wort für Wort mit der deines Bruders überein. Wie erklärst du das?"
„Wir haben denselben Hund!"

BRAVER MISCH

„Jetzt hab' ich dich!" schreit der Wächter. „Was suchst du im Apfelbaum?"
„Es war ein Apfel heruntergefallen", antwortet Misch, „und ich will ihn an seinen Platz hängen."

RÜHREN LERNEN

„Kellner, warum ist dieser Kaffee nicht süß?"
„Sie haben wahrscheinlich in die falsche Richtung gerührt, Sir."

Aus manchen Texten spricht die Erfahrung, daß für einen Zustand oder Vorfall mehrere Ursachen in Frage kommen, auch solche, an die man nicht denkt.

EINMAL HÖFLICH

„Mutti, kannst du mir mal deine weiße Bluse borgen?" fragt die siebzehnjährige Elvira.
„Nanu, seit wann fragst du denn um Erlaubnis?"
„Ich kann die Bluse nirgends finden."

EIFERSUCHT

„Sag, Lilli, ist dein Verlobter wirklich ohne Grund eifersüchtig?"
„Und ob. Er hat einen ganz Falschen im Verdacht."

DAS HINDERNIS

„Warum entwickelt sich der Frauen-Fußball so langsam?"

„Daran ist doch nichts Erstaunliches. Finde einmal elf Frauen, die bereit sind, ganz gleich gekleidet aufzutreten!"

DIE BEDINGUNG

Der Personalchef zu einem Bewerber: „Wir suchen einen Mann mit Phantasie; einen Mann mit Tatkraft, Entschlossenheit und Feuer; einen Mann, der niemals aufgibt; einen Mann, der andere begeistern kann; einen Mann, der unsere Kegelmannschaft vom letzten Platz wegbringt."

GESUNDES MISSTRAUEN

„Na, war deine Geschäftsreise nach Edinburgh erfolgreich?"

„Nein, leider nicht. Schotten kaufen nämlich keine Kühlschränke, und zwar weil sie nicht glauben, daß sich die Innenbeleuchtung ausschaltet, sobald man die Türe schließt."

Wir beenden das Kapitel mit einem Zitat aus Conan Doyle, dessen Held Sherlock Holmes durch scharfsinnige Überlegungen berühmt geworden ist. Die betreffende Erzählung heißt „Späte Rache", sie wurde 1887 veröffentlicht. Es ist die Rede von der ersten Begegnung des Detektivs mit seinem späteren Mitarbeiter und Freund Watkins. Holmes sagt dem Doktor auf den Kopf zu, daß er aus Afghanistan komme (wo damals Großbritannien einen Kolonialkrieg führte). Seine Behauptung gründet sich auf folgende Überlegung:

(...) Es handelt sich um einen Gentleman, vom Typ her Mediziner, aber mit der Ausstrahlung eines Soldaten. Ganz sicher ein Doktor der Armee also. Er kommt gerade aus den Tropen, denn sein Gesicht ist dunkel, und das ist nicht die natürliche Farbe seiner Haut, denn seine Handgelenke sind hell. Er hat Anstrengungen und Krankheit hinter sich, wie sein hageres Gesicht erkennen läßt. Sein linker Arm war verletzt, denn er hält ihn in einer steifen, unnatürlichen Weise. In welchem Teil der Tropen könnte ein englischer Armeearzt so schwere Zeiten erlebt und seinen Arm verletzt haben?

Bekanntlich war Conan Doyle selbst Arzt. Als Medizinstudent hatte er bei seinem Lehrer Dr. Joseph Bell die Probleme der Deduktion studiert.

II. DIE BEGRIFFE

1. Begriff und Wort

Beim Sprechen verbinden wir Wörter zu Sätzen und Sätze zu Darlegungen. Sprechen und Denken hängen eng zusammen. Hinter den Wörtern stehen Begriffe, hinter den Sätzen und Darlegungen — Aussagen und Schlüsse. Begriff, Aussage und Schluß sind drei Grundelemente der Logik.

Wir eignen uns ein Wort schneller an als den dazugehörigen Begriff. Es liegt daran, daß die Wörter mehrdeutig sind. Sie können bestimmte Dinge, Eigenschaften oder Beziehungen bezeichnen, die wir mit unseren Sinnesorganen unmittelbar wahrnehmen. Doch ebensogut können sie die gedankliche Widerspiegelung von Dingen, Eigenschaften oder Beziehungen bezeichnen. Die **Begriffe** sind eine Art gedanklicher Widerspiegelung — sie umfassen nur die wesentlichen und allgemeinen Merkmale einer Klasse (auch Gruppe bzw. Abteilung) von ähnlichen Dingen, Eigenschaften oder Beziehungen. Um sich einen Begriff anzueignen, braucht man Zeit.

Betrachten wir die Klasse der Tische. Ihre Elemente unterscheiden sich

— durch die Bestimmung: Werkbank, Verkaufspult, Schreibtisch, Küchentisch, Eßtisch, Operationstisch;

— durch den Stoff: Holz, Stein, Metall;

— durch die Art der Befestigung: auf Beinen ruhend, auf einem Fahrgestell ruhend, von der Decke hängend, in die Wand eingelassen;

— dann durch Form, Größe, Gewicht, Farbe und Alter. Wenn wir von diesen konkreten Eigenschaften absehen — man nennt das **abstrahieren** —, bleiben als wesentliche und allgemeine Eigenschaften übrig: eine feste, parallel zum Fußboden angebrachte Platte, die als Unterlage für verschiedene, mit der Hand ausgeführte Tätigkeiten dient.

Betrachten wir die dem Menschen eigene Art der Fortbewegung. Sie kann

— langsam und ziellos sein: schlendern, bummeln, flanieren;

— langsam sein wegen Behinderung: hinken, humpeln, stapfen, waten;

— langsam sein aus Schlaffheit: watscheln, trotten, schlurfen, latschen;
— schnell sein: marschieren, laufen;
— heimlich sein: schleichen, anpirschen;
— auffällig sein: einherstelzen, stolzieren;
— unsicher sein: tappen, torkeln, taumeln.

Um das Gemeinsame all dieser Bewegungsformen zu finden, lassen wir die Besonderheiten beiseite; das Gemeinsame erschöpft sich in den Merkmalen „Fortbewegung", „menschlich" und „aufrechte Haltung". Diese Merkmale sind im Begriff „gehen" zusammengefaßt.

Freilich ist die Begriffsbildung durch Abstraktion und Verallgemeinerung nicht das Werk einzelner Menschen. Die Begriffe stellen Ergebnisse der historischen Erfahrung einer Sprachgemeinschaft dar, und das Individuum übernimmt sie von der Sprachgemeinschaft, in die es hineinwächst. Man weiß von Naturvölkern, die Namen für viele Dutzende Gewächse, aber kein Wort für den Begriff „Pflanze" haben. Noch in mittelhochdeutscher Zeit (1100—1350) gliederte die deutsche Sprachgemeinschaft die Tierwelt nach der Bewegungsart: Fisch ist alles, was schwimmt, Vogel alles, was fliegt, Wurm alles, was kriecht, und Tier alles, was läuft. Infolgedessen zählten Schmetterlinge und Käfer zu den Vögeln, Otter und Biber zu den Fischen. (Der Otter gehört zur Marder-Familie, der Biber zu den Nagetieren.) Uns scheint jene Gliederung naiv, doch für die praktischen Bedürfnisse der Menschen, die damals lebten, war sie gut genug. Überbleibsel der alten Auffassung sind u. a. die mundartliche Bezeichnung *Raupenvögelchen* für Schmetterling und das Wort *Walfisch*.

Abstraktion und Verallgemeinerung sind nicht bei allen Begriffen gleich groß. Anschließend zwei Kolonnen mit Beispielen für diesen Unterschied; der Begriff in der zweiten ist jeweils abstrakter und allgemeiner als der Begriff in der ersten.

Schnee	Niederschlag
Topf	Gefäß
Schneider	Handwerker
Pronomen	Wort
graben	arbeiten
eindeichen	schützen
wurzelziehen	rechnen
rechnen	denken
atmen	leben

erkältet   krank
eckig   viereckig
pünktlich   verläßlich
belesen   gebildet

Jeder Begriff hat Inhalt und Umfang. Betrachten wir die Begriffe „Papier" — „Schreibpapier" — „Dokumentenpapier", die sich durch den Grad der Abstraktion und der Verallgemeinerung unterscheiden — am meisten abstrakt und am allgemeinsten ist „Papier". Sie unterscheiden sich auch durch Inhalt und Umfang.

Unter dem **Inhalt eines Begriffs** versteht man die wesentlichen und allgemeinen Merkmale einer Klasse von ähnlichen Dingen, Eigenschaften oder Beziehungen. Diese Merkmale sind in der Definition der Klasse gegeben. Papier beispielsweise ist ein blattartiger Werkstoff, der zum Beschreiben oder Bedrucken und für Verpackungszwecke dient, er wird hauptsächlich aus Pflanzenfasern durch Verfilzen, Verleimen und Pressen hergestellt. Unter dem **Umfang eines Begriffs** versteht man die Gesamtheit von ähnlichen Dingen, Eigenschaften oder Beziehungen, auf die der Begriff anwendbar ist. In unserem Fall: die gesamte Papierproduktion seit der Erfindung dieses Werkstoffs durch den Chinesen Ts'ai Lun im Jahre 105 u. Z.

Je reicher der Inhalt eines Begriffs, um so geringer sein Umfang und umgekehrt.

Unser Beispiel: Durch besonderes Leimen erzielt man jene Festigkeit, die für Schreibpapier wichtig ist, man spricht von Leimfestigkeit. Fügen wir zu den oben genannten Merkmalen des Begriffs „Papier" die Merkmale „glatte Oberfläche" und „Leimfestigkeit" hinzu, erhalten wir den Begriff „Schreibpapier". (Glatte Oberfläche und Leimfestigkeit verhindern, daß die Tinte beim Beschreiben ausläuft oder durchschlägt.) Der Umfang des neuen Begriffs ist entsprechend geringer: Es gibt viel weniger Schreibpapier als Papier überhaupt; außer Schreibpapier gibt es noch Druckpapier, Zeichenpapier, Fotopapier, Kohlepapier, Packpapier, Isolierpapier, Filterpapier, Löschpapier, Pauspapier, Spinnpapier, Toilettenpapier und Schmirgelpapier. Bereichern wir nun den Inhalt des Begriffs „Schreibpapier" um ein weiteres Merkmal, und zwar „Dauerhaftigkeit", dann erhalten wir den Begriff „Dokumentenpapier", wobei der Umfang noch mehr zusammenschrumpft: Alles Dokumentenpapier macht nur einen Bruchteil des

Schreibpapiers aus, zu dem ja noch das Konzeptpapier, das Briefpapier und das Schreibmaschinenpapier gehören.

Gehen wir nun bei der Betrachtung von Inhalt und Umfang den umgekehrten Weg. Wir wählen dazu die Beispiele „Apfelbaum" — „Obstbaum" — „Nutzpflanze" — „Pflanze". Den reichsten Inhalt weist das erste Glied der Kette auf, dafür hat es den kleinsten Umfang; das letzte Kettenglied hat den größten.

Man unterscheidet zwischen allgemeinen Begriffen und Einzelbegriffen, je nachdem, ob die widerspiegelte Klasse mehrere Elemente oder nur ein Element enthält. **Einzelbegriffe** beziehen sich u. a. auf bestimmte Himmelskörper, Ortschaften, Personen, Betriebe, Gebäude, Fahrzeuge, Abkommen und Kunstwerke, z. B.: der Abendstern, Orşova, Kopernikus, die Schiffswerft von Constanţa, der Eiffelturm, Stephensons Lokomotive „Rakete", der Vertrag von Verdun 843, das Gemälde „Der Späher" von Nicolae Grigorescu. Jede nominalisierte Erscheinung ist ein Einzelbegriff.

Die allermeisten Begriffe haben kein Merkmal gemeinsam wie z. B. „Familie" und „Nordlicht". Man sagt dann, sie sind **disjunkt**. Doch es kann sein, daß zwei Begriffe ein oder mehrere Merkmale gemeinsam haben. In dieser Lage befinden sich „Schrank" und „Bett", verbunden durch das Merkmal „Bestandteil eines Wohnzimmers". In dieser Lage befinden sich „Weizen" und „Weinrebe", verbunden durch das Merkmal „Nutzpflanze". Schließlich kommt es vor, daß ein Begriff in einem anderen enthalten ist, indem sämtliche Merkmale des ersten zum Inhalt des zweiten gehören, der außerdem noch weitere, eigene Merkmale aufweist. Beispiele dafür sind „Möbel" und „Schrank", „Nutzpflanze" und „Weizen", „Gras" und „Weizen", „gehen" und „spazieren", „konservieren" und „räuchern". Man nennt so ein Verhältnis **Subordination** oder **Unterordnung**. Die logische Subordination mutet kurios an, weil der Begriff, der im anderen enthalten ist, als der subordinierende Begriff gilt und **Gattungsbegriff** heißt, während der andere als der subordinierte Begriff gilt und **Artbegriff** heißt.

Wir stellen gleich fest, daß der Gattungsbegriff abstrakter und allgemeiner als der Artbegriff ist. Dafür ist sein Umfang so groß wie der Umfang aller zu ihm gehörenden Artbegriffe zusammen. Der Umfang von „Möbel" schließt die Umfänge von „Bett", „Schrank", „Stuhl", „Tisch", „Bank" und „Kleiderständer" ein. Der Umfang von „bildender Künstler" schließt die Umfänge von „Grafiker", „Maler", „Bildhauer", „Kunstfotograf", „Bühnenbildner" und „Designer" ein.

Durch die Subordination ordnet der Verstand die Begriffe nach verschiedenen Kriterien und bringt sie in ein System. Ohne ein solches System wäre kein erfolgreiches Handeln möglich, weder im Alltag noch in der Forschung.

Jeder Mensch kann dank seiner persönlichen Erfahrung zahlreiche Begriffe dem entsprechenden Gattungsbegriff unterordnen. Halbschuhe, Sandalen, Galoschen, hohe Schuhe und Stiefel sind Straßenschuhe; Schuhe und Socken bilden die Fußbekleidung; die Fußbekleidung ist neben Strumpf, Hose, Hemd, Rock, Mantel, Schal, Kopfbekleidung und Handschuhen ein Teil der Kleidung, und so weiter. Jeder Mensch kennt einen Teil des Systems. Andere Teile, auch das muß man hier sagen, kennt er nicht. Dem Bergmann sind Begriffe vertraut, mit denen der Gärtner nichts anfangen kann; der Imker operiert mit Begriffen, die für den Augenarzt böhmische Dörfer darstellen. Doch ausnahmslos alle Begriffe, ob sie nun dem Einzelnen aus dem täglichen Leben bekannt sind oder nicht, haben ihren bestimmten Platz im System. Für jeden neuen Begriff legt die Wissenschaft einen Platz fest. Die Einordnung erfolgt mit Hilfe einer Definition. Auf diese Weise entstehen mitunter lange Ketten von Begriffen.

Betrachten wir beispielsweise, wie der am meisten verbreitete Landvogel, der Haussperling, eingeordnet ist. Der Laie weiß vielleicht noch, daß es auch Feldsperlinge gibt, aber die Zwischenglieder bis zum Begriff „Vogel" sind ihm schleierhaft. Sehen wir uns diese Zwischenglieder an.

Die Vögel, eine Klasse der Wirbeltiere, werden zunächst in Ordnungen eingeteilt, und zwar gibt es bei den heute lebenden Vögeln 24, eine davon sind die Sperlingsvögel. Die Sperlingsvögel zerfallen in vier Unterordnungen, eine davon sind die Singvögel. Die Singvögel sind durch 45 Familien vertreten, eine davon sind die Webervögel. Bei den Webervögeln unterscheidet man neun Unterfamilien, eine davon sind die Sperlinge, die man in 30 Arten gliedert. In Europa leben neben dem Haussperling (Passer domesticus) noch der Schneefink (Montifringilla nivalis), der Steinsperling (Petronia petronia), der Feldsperling (Passer montanus) und der Weidensperling (Passer hispaniolensis). Wer sich über solche Beziehungen informieren will, muß in einem Sachbuch nachschlagen.

In der **Definition** eines Begriffs wird zunächst gesagt, welches sein Gattungsbegriff ist, dann werden die Merkmale genannt, durch die er sich von den übrigen Artbegriffen seiner Gattung unterscheidet. Die Vögel z. B. sind eine lungenatmende, warmblütige Klasse der Wirbeltiere, die Federn trägt und deren Vorderextremitäten mit Federn Flügel bilden, die meist zum Flug tauglich sind. Die besonderen Merkmale des Begriffs „Vögel" sind „lungenatmend", „warmblütig", „Federn" und „Flügel". (Zum Stamm der Wirbeltiere gehören ferner die Kieferlosen, sie Knorpelfische, die Knochenfische, die Lurche oder Amphibien, die Kriechtiere oder Reptilien und die Säugetiere.) Mit Hilfe der Definitionen wird ein Begriff gegen andere abgegrenzt.

Im täglichen Leben ordnen wir laufend Begriffe ein. Wir gehen um Erbsen in den Gemüse- und Obstladen, um Nelken aber in die Blumenhandlung und nicht umgekehrt. Wie sicher schon Kinder im Grundschulalter mit Art- und Gattungsbegriffen umgehen, beweist ein Spiel. Gegeben wird eine Reihe von Begriffen, die außer einem oder zweien als Artbegriffe demselben Gattungsbegriff untergeordnet werden können. Die Aufgabe besteht darin, daß man die Fremdkörper aussondert.

Welcher Begriff paßt nicht in die jeweilige Reihe und warum?

Linde	Hund	Kleid	New York
Zirbelkiefer	Kuh	Mütze	Paris
Ahorn	Ente	Tischdecke	Bucureşti
Eiche	Fuchs	Rock	Prag
Kastanie	Kaninchen	Unterhemd	Athen

Je nach den Kriterien, die wir wählen, läßt sich ein und derselbe Begriff verschiedenen Gattungsbegriffen unterordnen. Das Pferd beispielsweise gehört nach seiner anatomischen Beschaffenheit zu den Huftieren, als Huftier zu den Pflanzenfressern und selbstverständlich zu den Säugetieren; nach seinem Aufenthaltsort zählt es zu den Haustieren; weil es für den Menschen nützlich ist, rechnen wir es zu den Nutztieren, und entsprechend dem besonderen Dienst, den es leistet, zu den Zugtieren, Lasttieren oder Reittieren.

Wer bekannte Begriffe nicht richtig einordnet oder anderweitig falsch gebraucht, macht sich lächerlich. Der Volksmund hat solche Verstöße in Witzen festgehalten. Ich sondere hier die Texte ab, deren Held noch ein Kind ist, denn sie veranschaulichen eher das Verständnis dafür, daß Kinder gewisse Schwierigkeiten haben.

DIE ZWIEBEL

Ich erklärte den Kindern die Begriffe Obst — Gemüse. Sie konnten alle Obst- und Gemüsesorten richtig zuordnen. Nur bei der Zwiebel waren sie sich im Unklaren. „Wo gehört die Zwiebel hin?" bohrte ich.
Da meldete sich Mario: „Na, ans Gehackte!"

(Aus der Sammlung „Kindermund"; Bd. 1, S. 15)

WEITLÄUFIG VERWANDT

„Wie bist du eigentlich mit Frau Marte verwandt?"
„Oh, nur ganz weitläufig. Sie war das erste von zwölf Geschwistern, und ich bin das letzte."

UNIKAT

„Wie stark vergrößert dein Feldstecher?"
„Er bringt die Philharmonie so nahe, daß man die Konzerte unter guten Bedingungen hören kann."

NON PLUS ULTRA

Ein Schotte und ein Engländer waren zu einer Hochzeit eingeladen. Unterwegs sprachen sie auch über ihre Geschenke. „Ich überreiche ein Kaffeeservice für zwölf Personen", sagte der Engländer. „Und ich", übertrumpfte ihn der Schotte, „überreiche ein Teesieb für hundert Personen."

Die Kaffeetasse dient zum Aufbewahren einer Flüssigkeit und hat ein begrenztes Volumen, das Teesieb dient zum Filtern einer Flüssigkeit. Man kann also die zwei Geschenke nach ihrem Fassungsvermögen keinem gemeinsamen Oberbegriff unterordnen und nicht miteinander vergleichen.

GUT GEGEBEN

„Können Sie", erkundigt sich ein Geck beim bekanntesten Schneider, „mir einen Anzug von der Farbe des Kaffees mit kochender Milch nähen?"
Der Meister zuckt mit keiner Wimper. „Mit Zucker oder ohne?"

Der komische Effekt wird schon durch die extravagante Forderung erreicht. Es kommt hinzu, daß die Farbe des Anzugs durch einen Geschmack näher bestimmt werden soll, was nicht möglich ist.

EIN SICHERER ZUG

„Weißt du, welche Waggons bei einem Zusammenstoß am meisten gefährdet sind?"
„Nein. Welche?"
„Der erste und der letzte."
„So? Und warum verzichtet man nicht auf sie?"

OHNE DORFÄLTESTEN GEBLIEBEN

„Wer ist der Älteste in eurem Dorf?"
„Wir haben keinen. Er ist vor paar Tagen gestorben."

KLUGER HASE

Wie weit läuft der Hase in den Wald hinein? (Bis zu dessen Mitte — dann läuft er wieder aus dem Wald hinaus.)

DIE GRUBE

„Sag mir schnell, wieviel Erde ist in einer Grube von zwei Meter Länge, drei Meter Breite und einem Meter Tiefe?"
„Wenn es eine Grube ist, dann ist sie doch leer."
„Erraten."

Hier sei schließlich eine Kathederblüte von Professor Galletti erwähnt, die als grober Verstoß anmutet, weil ein einfacher Begriff — „Elefant" — anscheinend falsch eingeordnet wird. Eben deshalb wurde sie als Titel für eine Sammlung von Gallettiana ausgewählt. Sie lautet: *Das größte Insekt ist der Elefant.* Selbstverständlich akzeptieren wir diese Behauptung nicht, weil der Elefant als Säuger zu den Wirbeltieren gehört, während die Kerbtiere oder Insekten wirbellos sind — sie bilden eine Klasse des Stammes der Gliederfüßer. Wahrscheinlich wollte der Gelehrte die Beschaffenheit einer Art durch folgenden Vergleich anschaulich machen: Sie ist unter den Insekten so groß wie der Elefant unter den Wirbeltieren. Als größtes Insekt gilt übrigens der in Äquatorialafrika lebende

Goliathkäfer. Der wird größer als eine Maus und erreicht eine Flügelspannweite von 30 Zentimetern.

Das ganze riesige Netz der Begriffe wird von den Wörtern einer Sprache getragen wie von einem Ameisenheer. Für manche Begriffe genügt ein Wort, andere benötigen eine Wörter-Kombination. Zum Beispiel die „Blütenstetigkeit der Insekten"; man versteht darunter, daß ein Nektar suchendes Insekt, etwa eine Honigbiene, zu einer bestimmten Tageszeit nur Blüten von Pflanzen derselben Art anfliegt (was für die Befruchtung wesentlich ist.) Alle Begriffe bilden sich mit Hilfe der Sprache, wobei die Wörter eine entscheidende Rolle haben — sie fixieren ihre Bedeutung und vermitteln sie an spätere Generationen.

In unserem Gedächtnis stehen die Wörter nicht für sich allein, sondern zu Wortfamilien, Wortsippen und Wortfeldern gruppiert.

Zu einer **Wortfamilie** gehören ein Grundwort und alle mit ihm gebildeten Zusammensetzungen, z. B. *Satz, Hauptsatz, Nebensatz, Schaltsatz, Vordersatz, Objektsatz, Modalsatz, Relativsatz, Konjunktionalsatz* usw. Mehrere Wortfamilien, deren Grundwörter sich auf dieselbe Wurzel zurückführen lassen, bilden eine **Wortsippe**. Das Wort *Satz* gehört zur Wortsippe *sitzen, Sitz, seßhaft, Sessel, Sasse, Gesäß, Truchseß, setzen, Gesetz, entsetzlich, siedeln, Sattel, Nest, nisten*. (Dieses Wort hat nicht weniger als elf Bedeutungen, die so stark voneinander abweichen, daß wir von mehreren homonymen Substantiven sprechen können: 1 — „aus mehreren Wörtern gefügte sinnvolle sprachliche Einheit"; 2 — „wissenschaftlicher Lehrsatz"; 3a — „das Setzen eines Manuskripts in Lettern und Zeilen"; 3b — „der Schriftsatz"; 4 — „der Rückstand von festen Bestandteilen, der sich aus einer Flüssigkeit abgesetzt hat"; 5 — „festgesetzter Geldbetrag"; 6a — „in sich geschlossener Teil eines mehrteiligen Musikwerks"; 6b — „die Art, in der ein Musikstück gesetzt ist"; 7 — „in sich geschlossener Teil eines mehrteiligen sportlichen Wettkampfs"; 8 — „mehrere zusammengehörige Gegenstände derselben Art"; 9 — „Sprung".)

Ein **Wortfeld** faßt Ausdrücke zusammen, die einen bestimmten Ausschnitt aus der objektiven Realität aufgliedern, wobei die Bestandteile von ihren Nachbarn in ihrer Bedeutung abgegrenzt werden; wir haben das bei den Synonymen von *gehen* beobachtet. Man spricht in diesem Zusammenhang von begrifflichen Synonymen, zum Unterschied von stilistischen

Synonymen und von territorialen Dubletten. (Die stilistischen Synonyme eines Wortes bringen die gefühlsmäßige Einstellung des Sprechers zum Thema und/oder zum Gesprächspartner zum Ausdruck. Man kann sich poetisch, gewählt, neutral, derb oder vulgär ausdrücken. Territoriale Dubletten sind landschaftlich gebundene Wörter gleicher Bedeutung wie *Rauchfang, Esse, Schornstein* und *Kamin* oder *Eber, Hauer, Keiler, Bär, Hocksch, Kämpe*.)

Aus praktischen Gründen hat der Mensch seine Umwelt sprachlich nach verschiedenen Kriterien aufgegliedert. Je wichtiger ein Sinnbezirk, um so mehr Bezeichnungen wurden für ihn geschaffen, die jeweils eine Besonderheit wiedergeben.

Ein solcher Sinnbezirk ist der Geschmack. Wir unterscheiden in der Hauptsache zwischen *süß, bitter, salzig, scharf, sauer* und *schal;* daneben gibt es Nuancen: *süßlich, zuckersüß, honigsüß, gallenbitter, herb, gewürzt, versalzen, ätzend, beißend, brennend, gepfeffert, prickelnd, säuerlich, essigsauer, fad, geschmacklos, salzlos, ungewürzt.*

Ein solcher Sinnbezirk ist auch die mündliche Verständigung zwischen Menschen, das Sprechen. Für diese Fähigkeit gibt es eine lange Reihe von Bezeichnungen, die jeweils andere Merkmale hervorheben, und zwar kann man

— laut sprechen: *rufen;*
— laut und erregt sprechen: *schreien;*
— leise sprechen: *flüstern, raunen;*
— durch die Nase sprechen: **näseln;**
— beim Sprechen einen Fehler machen: *sich versprechen;*
— sich in einer fremden Sprache mühsam ausdrücken: *radebrechen;*
— undeutlich sprechen: *nuscheln, murmeln, brabbeln, grummeln;*
— vor Erregung, Angst, Verlegenheit bzw. aus Unkenntnis unzusammenhängend sprechend: *stammeln;*
— fehlerhaft sprechen aufgrund organischer Mißbildungen: *lispeln, lallen, stottern;*
— so sprechen, daß die Stimme an den Laut eines Tieres erinnert (übertragene Bedeutung): *wispern, flöten, krähen, krächzen, schnattern, zischen, zischeln, brummen, bellen, brüllen, heulen.*

Um eine Aussage zu kennzeichnen, stehen uns ebenfalls zahlreiche Wörter zur Verfügung. Wenn die Aussage den Tatsachen entspricht, ist sie *wahr, zutreffend, richtig, begründet, stichhaltig,* sonst aber *falsch, unsinnig, verkehrt, anfecht-*

bar, unhaltbar. Wenn sie die Gesetze der Logik beachtet, ist sie *logisch* und *korrekt,* wenn sie jedoch dem vernünftigen Denken zuwiderläuft, *vernunftwidrig, folgewidrig, paradox, absurd, ungereimt.* Auf die Einstellung des Sprechers zum Gegenstand der Aussage beziehen sich die Wörter *objektiv, sachlich, unparteiisch* bzw. *subjektiv und parteiisch;* auf die sprachliche Formulierung die Wörter *eindeutig, klar, faßlich, verständlich* bzw. *zweideutig, verschwommen, unverständlich, mißverständlich.* Den Wert der Aussage für den Verlauf einer Überlegung oder Diskussion bezeichnen die Ausdrücke *aufschlußreich, plausibel, einleuchtend, überzeugend* bzw. *banal, verwirrend, fraglich, irreführend.*

Der Philologe Franz Dornseiff hat in einem Lexikon dargestellt, wie sich die Wörter der deutschen Sprache nach Begriffen ordnen lassen; es heißt „Der deutsche Wortschatz nach Sachgruppen" und ist 1934 erschienen.

Weil die Begriffe wesentliche Merkmale einer Klasse von Dingen, Eigenschaften oder Beziehungen widerspiegeln, zeichnen sie sich durch Beständigkeit aus. Doch in dem Maße, in dem sich die betreffende Klasse wandelt, verändern sich auch die Begriffe. Beispiele dafür sind „dreschen", „Familie" und „Schule".

Bei den Germanen wurden die Getreidekörner in den ältesten Zeiten mit den Füßen ausgetreten. Später lernten sie durch romanische Vermittlung den Dreschflegel verwenden. Heute kennt man nur noch den mechanisierten Arbeitsprozeß.

Im alten Rom umfaßte die Familie außer den Verwandten des Hausherrn auch die Diener und Sklaven; es war eine Lebens- und Wirtschaftsgemeinschaft auf der Grundlage von Rechten und Pflichten, der Gewalt des Hausherrn unterstellt. Im späten Mittelalter bezeichnete man mit *Familie* die Hausgenossenschaft, einschließlich der ledigen Knechte und Mägde. Heute versteht man darunter gewöhnlich das Elternpaar mit den unselbständigen Kindern, im weiteren Sinne auch die Verwandtschaft, insbesondere wenn sie einen gemeinsamen Haushalt führt.

Die Schule, die vor 2000 Jahren im alten Rom existierte, und die moderne Schule haben gemeinsam, daß eine Person mit besonderer Bildung — der Lehrer — jungen Menschen an einem dazu bestimmten Ort die Erfahrung der älteren Generation vermittelt. Im Laufe der letzten 300 Jahre, seit dem bahnbrechenden Wirken des tschechischen Pädagogen Jan Amos Comenius, veränderten sich praktisch alle Elemente der

Schule wesentlich: die Lehrziele, der Lehrstoff, die Lehrmittel, die Unterrichtsmethoden, das Aussehen der Schulgebäude, die Vorbereitung des Lehrpersonals, die soziale Struktur der Schülerschaft und die Dauer des verpflichtenden Unterrichts.

Als viertes Beispiel sei der Begriff „Atom" genannt. Auch dieser Begriff hat im Laufe der Zeit eine Veränderung erfahren, aber nicht, weil sich die Atome verändert hätten, sondern deshalb, weil unsere Möglichkeiten, ihr Verhalten zu beobachten, besser geworden sind.

Die Geschichte des Atoms beginnt im Altertum, spannend wird sie erst gegen Ende des 19. Jahrhunderts. Bis dahin hatte man, gestützt auf die griechischen Philosophen Leukipp von Milet und Demokrit von Abdera, das Atom für den letzten, nicht weiter zerlegbaren Baustein der Materie gehalten. 1896 entdeckte der Physiker Henri Becquerel die Uranstrahlen, zwei Jahre später entdeckten Marie Curie-Sklodowska und ihr Mann Pierre Curie die radioaktiven Elemente Polonium und Radium. Man stellte fest, daß die Zusammensetzung der radioaktiven Strahlung nicht einheitlich ist, sondern aus Alpha-, Beta- und Gammastrahlen besteht; durch die Untersuchung der natürlichen Radioaktivität gelangte man zu dem Schluß, daß die Atome nicht die letzten Bausteine der Materie sind — daß es noch kleinere Teile gibt.

Der Physiker Joseph John Thomson war der erste, der ein Modell vom inneren Aufbau der Atome zu entwerfen versuchte. Sein Scheinbild vom Atom ist als kugelförmiges positiv-elektrisches Tröpfchen gezeichnet, das durch elektrische Anziehungskräfte zusammengehalten wird. In diesem sind Elektronen eingebettet wie Rosinen in einem Kuchenteig. Die Gesamtladung aller Elektronen ist ursprünglich der positiven Grundladung gleich, so daß — nach außen hin — das Atom elektrisch neutral wirkt.

1911 veröffentlicht Ernst Rutherford ein anderes Modell. Nach ihm sitzt die positive Ladung mit dem größten Teil der Masse des Systems als „Atomkern" im Mittelpunkt, deshalb spricht man vom Rutherfordschen Kern-Modell eines Atoms. Um den Kern kreisen winzige Elektronen mit sehr hoher Geschwindigkeit. Das Modell ähnelt einem Planetensystem.

1913 entwirft Niels Bohr ein neues Modell, indem er das Atombild von Rutherford mit der Quantenhypothese von Max Planck vereinigt. Bei seinem Modell bewegen sich die Elektronen nicht auf beliebigen, sondern auf ganz bestimmten

Bahnen, auf den „Quantenbahnen", und zwar ohne Energieverlust durch Strahlung. Sie können von einer Quantenbahn auf die andere springen, wobei sich der Energiegehalt des Atoms verändert: Ein Sprung auf eine weiter außen gelegene Bahn setzt die Aufnahme von Energie voraus, während beim Übergang auf eine Bahn, die näher zum Kern liegt, Energie freigesetzt wird.

Die hier skizzierte Entwicklung veranschaulicht zur Genüge, wie sich der Begriff „Atom" binnen weniger Jahre spektakulär verändert hat. Aufgrund indirekter Feststellungen wurde das Modell weiter verfeinert. Ein Atom sichtbar zu machen ist noch nicht gelungen.

2. Die Definitionen

Aus praktischen Gründen muß man im täglichen Leben häufig Begriffe abgrenzen. Es geschieht, sooft wir mit etwas Neuem Bekanntschaft schließen und die Neuigkeit weitergeben. Jeder von uns kommt abwechselnd in die Lage, nach Inhalt sowie Umfang eines Begriffs zu fragen und selbst Begriffe zu definieren. Eben diese Tatsache bildet den Hintergrund des Vergnügens an Rätseln aller Art — die Rätsel sind Spiele mit Definitionen.

Wir **definieren** einen Begriff in den häufigsten Fällen so, indem wir den nächsten Gattungsbegriff angeben und anschließend die wesentlichen Merkmale nennen, durch die er sich von den anderen Artbegriffen unterscheidet. Man spricht vom **artspezifischen Unterschied.**

Für diese Operation genügen manchmal wenige Wörter. Das Quadrat beispielsweise ist ein Rechteck mit gleichen Seiten. Der Sauerstoff ist das chemische Element mit der Ordnungszahl acht. Das Gerücht ist eine unverbürgte Nachricht. Das Tageblatt ist eine Zeitung, die täglich in einer neuen Ausgabe erscheint. Die Abendzeitung ist ein Tageblatt, das in den Abendstunden verkauft wird.

In anderen Fällen sind umfangreiche Erklärungen erforderlich. Zum Beispiel bei den Sprachen. Rumänisch gehört zu den romanischen Sprachen (die aus dem Volkslatein entstanden sind), zusammen mit Spanisch, Italienisch, Sardisch, Portugiesisch, Katalanisch, Provenzalisch, Französisch und Rätoromanisch. Zwar ist es nicht besonders schwierig, die artspezifischen Unterschiede für diese Sprachen anzugeben, doch reichen dazu einige Wörter nicht aus.

Nach ihrem Gegenstand und nach dem Verfahren unterscheidet man mehrere Arten von Definitionen.

Die **Realdefinitionen** erläutern einen Begriff, indem sie zeigen, in welcher Beziehung er zu andern Begriffen steht und welche besonderen Merkmale er aufweist. Das häufigste Verfahren bei den Realdefinitionen besteht darin, den nächsten Gattungsbegriff und den artspezifischen Unterschied anzugeben. Außerdem verwendet man fallweise die genetische Definition, die Definition durch Aufzählung, die Definition durch Beispiele und andere Verfahren. Mit diesen Verfahren werden wir uns ausführlich beschäftigen.

Die **Nominaldefinitionen** erläutern Bezeichnungen für Begriffe. In diese Gruppe fallen die Erklärungen für Abkürzungen, Symbole, neu eingeführte Wörter und die besondere Verwendung eines Wortes in einem Fachbereich (Feststellungsdefinition). Zum Beispiel: *Laser* ist die Abkürzung für (englisch) *light amplification by stimulated emission of radiation* (das bedeutet „Lichtverstärkung durch Emissionsanregung von Strahlung"). Bekannte Symbole sind in der Rechtschreibung Punkt, Beistrich, Fragezeichen und Rufzeichen, in der Mathematik Pluszeichen, Minuszeichen, Bruchstrich und Dezimalstrich; wir überspringen ihre Definitionen. Mit Symbolen arbeiten praktisch alle Wissenschaften, und in der Einleitung von Texten, die für ein breiteres Publikum bestimmt sind, müssen die weniger bekannten erklärt werden. Feststellungsdefinitionen finden wir in der Einleitung von Gesetzen, Verträgen, Statuten und Reglements, aber auch in wissenschaftlichen Werken. Im Gesetz über das Verlagsrecht beispielsweise heißt jener Vertragsteil, der ein Werk der Literatur oder Musik in Verlag gibt, der *Verfasser,* gleichgültig, ob er das Werk selbst geschaffen hat oder ob er als Rechtsnachfolger des Urhebers Träger des Urheberrechts ist. In anderen Gesetzen wird präzisiert, was man im Kontext unter *großjährig, stimmberechtigt, Mitglied, Vormund, Erbe, Fertigteil, Nahrungsgut, Dienstleistung, Verkehrsweg, Haftpflicht, Unfall, Arzneimittel* usw. zu verstehen hat. Für die Wissenschaft ist jedes fließende Gewässer des Festlands ein *Fluß,* während im allgemeinen Sprachgebrauch bedeutendere Flüsse mit *Strom,* kleinere mit *Bach* und kleinste mit *Rinnsal* bezeichnet werden. In der Logik bedeuten die Wörter *Art* und *Gattung* etwas anderes als in der Biologie, nämlich: in der Logik ein Verhältnis zwischen zwei Begriffen, von denen der eine untergeordnet, der andere übergeordnet ist — der Gattungsbegriff umfaßt jeweils das Gemeinsame von mehreren Arten; in Botanik und Zoologie dagegen Einheiten innerhalb von bestimmten Rängen des natürlichen Systems der Lebewesen (Art, Gattung, Familie, Ordnung, Klasse, Stamm, Reich).

DER KONSUMTIONSGEHILFE

In einer Zeitschrift für Marktforschung erschien der Artikel „Die Verwendung von trinkfertigen Säften im Säuglingsalter". Dort stand zu lesen:

Die Bestimmung der Nachfrage bei trinkfertigen Säften unterliegt der Besonderheit, daß der Verbraucher aufgrund seines körperlichen und geistigen Entwicklungsstandes nicht als Käufer auf dem Markt auftritt. Er benötigt einen Konsumtionsgehilfen, welcher die Nahrung auswählt, erwirbt und konsumreif macht. Dieser Konsumtionsgehilfe wird im folgenden als Mutter bezeichnet.

Die **Zuordnungsdefinitionen** legen zu praktischen Zwecken willkürlich Beziehungen fest. Beispiele dafür sind die Maßeinheiten. Der Unterschied zwischen dem Gefrierpunkt und dem Siedepunkt des Wassers wurde von dem Physiker Anders Celsius in hundert Grade eingeteilt, damit hat er die heute gebräuchlichste Temperaturskala geschaffen. Als ein Meter galt lange Zeit der vierzigmillionste Teil eines Erdmeridians. Das Liter ist ein Hohlmaß gleich dem Volumen von einem Kilogramm reinen Wassers bei seiner größten Dichte (3,98 Grad Celsius, 760 Torr Luftdruck). Hier sei noch erwähnt, daß Metalle mit einem spezifischen Gewicht über 3,5 g/cm^3 zu den Schwermetallen, jene mit einem spezifischen Gewicht unter 3,5 g/cm^3 zu den Leichtmetallen gehören.

Wenden wir uns den gebräuchlichsten Verfahren bei den Realdefinitionen zu.

Als sehr praktisch erweist sich die **Definition mit Hilfe des artspezifischen Unterschieds.** Man gibt den nächsten Gattungsbegriff an und nennt die wesentlichen Merkmale, durch die sich der zu definierende Begriff von den anderen Artbegriffen unterscheidet. Zum Beispiel: Das Schiff ist ein nach beiden Enden hin sich verjüngendes größeres Wasserfahrzeug. Die Rakete ist ein meist langgestreckter zylindrischer Flugkörper, der durch den Rückstoß der mit hoher Geschwindigkeit aus einer Öffnung ausströmenden Massenteilchen angetrieben wird. Segeln bedeutet, sich in einem Fahrzeug mit Segeln fortzubewegen, indem der Winddruck ausgenutzt wird. Neid ist das Gefühl, das man empfindet, wenn ein anderer einen Besitz oder Vorzug hat, den man selbst gern haben möchte.

Allerdings hat dieses Verfahren seine Grenzen. Es ist nur auf Begriffe anwendbar, die man sich als Artbegriffe denken kann, nicht aber auf Einzelbegriffe wie die „Trajanssäule" oder die „Zahl Pi", ebensowenig auf sehr allgemeine Begriffe wie „Raum", „Form", „Farbe", „Geschehnis", „Zeit" und „Bewußtsein". Im ersten Fall wären zur Kennzeichnung sehr viele Merkmale notwendig, die Definition wäre nicht übersichtlich genug; im zweiten Fall gibt es einfach keinen artspezifischen Unterschied.

DIE LETZTE CHANCE

In der Literaturstunde ist von den Versfüßen die Rede. Leider hat Karl sich nicht vorbereitet.

„Was ist ein Trochäus?"
„Ich weiß nicht."
„Was ist ein Daktylus?"
„Ich weiß nicht."
„Hör, Junge, ich gebe dir eine letzte Chance. Was ist der Unterschied zwischen einem Trochäus und einem Daktylus?"

Es gibt Rätsel, die strukturmäßig voll und ganz dem häufigsten Typus der Realdefinition entsprechen, also Gattungsbegriff sowie artspezifischen Unterschied angeben und sogar den Gattungsbegriff beim Namen nennen, statt einen bildhaften Ausdruck zu gebrauchen, aber sie sind selten, weil sehr leicht zu lösen. Wir finden sie unter den Aufgaben für kleine Kinder. Zum Beispiel:

Kennst du die kleinen Blümelein,
die stets den Frühling läuten ein?

(Die Schneeglöckchen)

Viel Nadelbäum' sind mir verwandt,
ich stehe meist im sandigen Land.
Wer meine Äpfel nicht veracht',
im Winter damit Feuer macht.

(Die Kiefer)

Ich möchte hören, ob ihr kennt,
den Vogel, der sich selber nennt.

(Der Kuckuck)

Was für ein Tier ist das?
Es baut sich ein Nest im Baum,
es schwingt sich von Zweig zu Zweig
und ist doch kein Vogel.

(Das Eichhörnchen)

Vor — zurück, vor — zurück,
immer kleiner wird das Stück,
an dem meine Zähne nagen.
Kannst du mir das Werkzeug sagen?

(Die Feile)

Viel häufiger sind Rätsel ohne Angabe eines Gattungsbegriffs. Mitgeteilt wird bloß der artspezifische Unterschied, d. h., es werden Merkmale aufgezählt. Das erste der folgenden Beispiele bezieht sich ebenfalls auf ein Werkzeug.

Ich habe keine Füße
und geh' doch auf und ab.
Ich beiß' mich immer tiefer ein,
bis ich mich durchgebissen hab'.

(Die Säge)

Es ist gemacht aus Holz und Glas,
das Licht scheint durch. Was ist denn das?

(Das Fenster)

Erst weiß wie Schnee,
dann grün wie Klee,
dann rot wie Blut,
schmeckt allen Kindern gut.

(Die Kirsche)

Die Sonne glüht.
Die Linde blüht.
Das Korn wird voll.
Wann ist das wohl?

(Im Sommer)

Weit in die Höhe fliegt es bei Wind,
an einem Faden hält es das Kind.
Gefertigt ist es aus buntem Papier.
Schnell, schnell, sag es mir!

(Der Drachen)

In ein Loch schlüpft man hinein,
aus dreien kommt man wieder heraus —
und dann ist man erst richtig drin.

(Das Hemd)

Eine besondere Form der Realdefinition ist die **genetische Definition**. Sie gibt an, wie ein Ding entsteht bzw. wie man es herstellen kann. Das klassische Beispiel dafür hat den Kreis zum Gegenstand: Ein Kreis entsteht, wenn man einen Punkt in einer Ebene in gleichbleibendem Abstand um einen festen Punkt bewegt. Oft stellt eine genetische Definition die notwendige Ergänzung für eine Realdefinition in engerem Sinne dar, denn der Prozeß des Entstehens gehört zum Wesen der Sache. Erinnern wir uns an die Definition des Papiers, die einen genetischen Teil enthält: Papier ist ein blattartiger Werkstoff, der zum Beschreiben oder Bedrucken und für Verpackungszwecke dient; *er wird hauptsächlich aus Pflanzenfasern durch Verfilzen, Verleimen und Pressen hergestellt*. Ohne den genetischen Teil wären die Definitionen für Begriffe wie „Nordlicht", „Tropfstein", „Jahresring", „Käse", „Brot", „Papier", „Bremsspur" und viele andere nur schwer zu verstehen.

Bei der **Definition durch Aufzählung** wird der Begriff präzisiert, indem man sämtliche Elemente der widerspiegelten Klasse von Dingen, Eigenschaften oder Beziehungen aufzählt. Natürlich ist dieses Verfahren nur bei Klassen mit einer geringen Anzahl von Elementen wie Jahreszeiten, Niederschläge,

Familie, Getreide, Möbel, Eßbesteck und Orchester möglich.
Bei der **Definition durch Beispiele** werden nicht alle Elemente der widerspiegelten Klasse aufgezählt, sondern nur einige repräsentative Beispiele gegeben: Metalle sind chemische Elemente wie Eisen, Kupfer, Aluminium, Zinn, Blei, Silber und Gold.

Um einen Begriff sachlich zu definieren, muß man fünf Regeln beachten.

Erste Regel. Die Definition soll auf alle Elemente der Klasse zutreffen, die der zu definierende Begriff widerspiegelt, und nur auf diese; sie soll sämtliche wesentlichen Merkmale enthalten, die den Inhalt des Begriffs ausmachen. Mit anderen Worten: Die zwei Seiten der Definition müssen umfangsgleich sein.

Die Definition darf nicht zu weit sein — in diesem Fall gehören alle genannten Merkmale auch den Elementen anderer Klassen an, und wir erhalten einen Begriff, der dem zu definierenden Begriff übergeordnet ist. Es genügt z. B. nicht, das Quadrat einfach als Rechteck zu kennzeichnen. Es wäre auch falsch zu sagen, daß die Abendzeitung eine Zeitung ist, die auf der Straße verkauft wird, weil das auch für andere Zeitungen gilt.

Die Definition darf nicht zu eng sein — in diesem Fall gehören nicht alle genannten Merkmale zum Inhalt des zu definierenden Begriffs, und wir erhalten einen Begriff, der diesem untergeordnet ist. Es wäre z. B. nicht richtig, den Stuhl als hölzernes Sitzmöbel zu kennzeichnen, weil es auch Stühle aus Rohr, Stein, Metall und Plaste gibt. Eine Definition, die das Messer als Schneidwerkzeug, bestehend aus einer metallenen Klinge und einem Griff, beschreibt, enthält gleich zwei Fehler: Erstens sind bei den Naturvölkern Messer aus Bambusrinde, Muschelschalen, Knochen und Steinen in Gebrauch, zweitens gibt es Bestandteile von Werkzeugmaschinen und von Küchengeräten, die zur Klasse der Messer gehören, aber keinen Griff haben.

Betrachten wir noch ein Beispiel — die Definition der Schere. An diesem Beispiel läßt sich gut erkennen, wie leicht man eine Definition zu eng faßt. Die Schere ist ein Werkzeug zum Trennen oder Einschneiden von Stoffen aller Art (Metallen, Textilien, Papier, Kunststoffen u. a.), auch von Geflügel. Es wäre falsch, von einem Handwerkzeug zu sprechen, weil es auch Maschinenscheren gibt. Es wäre desgleichen falsch, von zwei Messern zu sprechen, die durch einen Stift drehbar miteinander verbunden sind, wie bei den meisten Handscheren der Fall. Weder die Bügelschere noch die Brammenschere hat drehbare Messer. Bei der Bügelschere, die zum Schafescheren dient, sind zwei messerartige Klingen durch einen Bügel federnd verbunden; bei der riesigen Brammenschere, mit der man Walzgut zerschneidet, bewegen sich die zwei Messer gegenläufig und parallel. Bei der Hebelschere ist nur ein Messer drehbar an einer Achse angebracht, während das andere feststeht. Die Kreisschere schließlich arbeitet mit zwei umlaufenden Messern, die nicht auf derselben Achse sitzen.

Zu weit gefaßte Definitionen kommen in allen Kreuzworträtseln und Silbenrätseln vor. An dem Vergnügen, das diese Wortsuchspiele bereiten, sind sie maßgeblich beteiligt.

Es gibt mehrere Verfahren, um das zu suchende Wort anzudeuten. Am häufigsten geschieht es durch Definitionen und durch begriffliche Synonyme. Andere Möglichkeiten sind: durch territoriale Dubletten (Gänserich — *Ganter*, Biene — *Imme*), durch Antonyme (Gegenteil von unten — *oben*, Gegenteil von Flut — *Ebbe*), durch Umschreibung der Wortbedeutung mit Hilfe von mehreren Wörtern (zu einem Ziel — *hin*, gerade erst — *eben*, in einem Zug — *ex*). Das Auflösen von Kreuzwort- und von Silbenrätseln hat eine sprachliche und eine logische Komponente.

Was die Genauigkeit der Definitionen anbelangt, lassen sich bei näherer Betrachtung mehrere Kategorien unterscheiden.

Manche Definitionen sind eindeutig, z. B.:
Metallstift mit Kopf und Spitze — *Nagel*;
Nervenzelle mit Fortsätzen — *Neuron*;
heftiger Fall — *Sturz*;
Blattlaushonig — *Meltau*;
Temperatureinheit — *Grad*;
dreiatomiger Sauerstoff — *Ozon*;
Maschine zum Lösen, Heben und Ausschütten von Erdreich — *Bagger*;
gekeimte Gerste — *Malz*;
Witwe in „Max und Moritz" — *Bolte*;
australischer Laufvogel — *Emu*;
Lehre vom Licht — *Optik*.

In anderen Fällen wird nur der Gattungsbegriff ohne jedwelchen artspezifischen Unterschied angegeben. Dann hängt es von der Anzahl der Elemente der betreffenden Klasse ab, ob wir die Angabe bloß als weniger genau oder als ganz ungenau empfinden.

Weniger genau sind Angaben wie:
Teil des Bruches — *Zähler, Nenner;*
eine der Gezeiten — *Flut, Ebbe;*
Ader, Blutgefäß — *Arterie, Vene;*
elektrisch geladenes Teilchen — *Ion, Elektron, Proton, Positron;*
Wintersportart — *Rodeln, Eislaufen, Schilaufen, Eishockey, Schijöring;*
Niederschlag — *Tau, Regen, Schnee, Hagel, Reif, Rauhreif;*
Teil des Baums — *Wurzel, Stamm, Krone, Ast, Zweig, Blatt;*
Zeichengerät — *Bleistift, Kreide, Zirkel, Lineal;*
Produkt der Bienen — *Honig, Wachs, Propolis, Gift, Weiselsaft.*

Angaben wie Gebäck, europäische Hauptstadt, Held bei Homer, Speisefisch, Frühlingsblume, Horntier, landwirtschaftliche Arbeit, Südseeinsel, schließlich Zahl lassen viele, zuweilen Dutzende Möglichkeiten offen. Wir könnten nichts mit ihnen anfangen, wenn sich das richtige Wort nicht mit Hilfe der kreuzenden Wörter bzw. mit Hilfe des angebotenen Silbenmaterials überprüfen ließe.

Durch die ungenauen Angaben, d. h. durch die zu weiten Definitionen, wird der Reiz des Spiels erhöht. Der Rätsellöser möchte gar nicht, daß man ihm die Sache zu stark erleichtert — er möchte an immer schwierigeren Aufgaben seinen aktiven Wortschatz im allgemeinen, seine Fähigkeit zum Einordnen von Begriffen, seine Kenntnis der Wortfelder und seinen Bildungshorizont kontrollieren. Wie beliebt dieser Denksport geworden ist, erkennen wir daran, daß praktisch alle für ein breites Publikum bestimmten Publikationen in ihrem Unterhaltungsteil Kreuzworträtsel und Silbenrätsel bringen. Das Vergnügen am Kreuzworträtsel-Lösen hat sich in folgenden Witzen niedergeschlagen:

MIT ELF BEGONNEN

Der Abteilungsleiter erwischt seinen neuen Mitarbeiter beim Lösen von Kreuzworträtseln. „Wie lange knobeln Sie schon?"

„Seit meinem elften Lebensjahr."

„Bloß gut, daß Sie erst seit gestern bei uns arbeiten!"

VIER BUCHSTABEN

Konnerth: „Weißt du vielleicht ein Stacheltier mit vier Buchstaben?"
Schuller: „Senkrecht oder waagerecht?"

Ein Verstoß gegen die erste Regel der Definition erfolgt auch durch Pleonasmen — durch die Häufung sinnverwandter Ausdrücke aus verschiedenen Wortarten. Die zwei sprichwörtlichen Beispiele *weißer Schimmel* und *alter Greis* beweisen, daß die Sprecher sich der Möglichkeit dieses Fehlers bewußt sind. Ein Merkmal, das zum Inhalt des Begriffs gehört, wird mit dem Bestimmungswort noch einmal angegeben. Es kann sich um Substantiv und Adjektiv handeln wie bei den obigen Beispielen, aber auch um Verb und Adverb *(leise flüstern)* oder um Adjektiv und Adverb *(mächtig stark)*.

Allerdings stören Wortverbindungen dieser Art nicht unbedingt. Die Dichter sprechen von grünem Gras, weißem Schnee und schwarzer Nacht, um einen Aspekt hervorzuheben. Wenn wir lesen oder hören, daß die Wandmalereien in den ägyptischen Pharaonengräbern realistisch sind, akzeptieren wir das Attribut *ägyptisch*, obwohl es in keinem anderen Land Pharaonengräber gibt. Dieses Attribut hat die Funktion, unser Denken auf die geographische Lage hinzulenken, es erleichtert die Aufnahme der folgenden Information.

GUTER WILLE

Die frischgebackene Ehefrau stürmt in den Laden. „Ich möchte gern runde Suppenwürfel. Mein Mann kriegt die eckigen so schwer hinunter."

Anschließend zwei Kathederblüten von Professor Galletti — mit einer zu weit gefaßten Definition und mit einem Pleonasmus:

Eine gerade Linie ist die, die von einem Punkt zum anderen geht. (Bei der Geraden handelt es sich um die k ü r z e s t e Verbindung zwischen zwei Punkten.)

Die Tempel in Rom waren wie ein gleichseitiges Quadrat erbaut.

Zweite Regel. Der zu definierende Begriff darf nicht als Bestandteil des bestimmenden Begriffs erscheinen, sonst kommt es zu einem sogenannten Zirkel. Beispiele für einen Zirkel wären: Der Turm ist ein Gebäude aus Holz, Stein oder Eisen, das turmhoch aufragt. Die Schere ist ein Werkzeug zum Trennen von Stoffen aller Art durch Abscheren. Die Luft ist ein Gemisch aus Atmosphäre und Sauerstoff. Natürlich stoßen solche Formulierungen auf Ablehnung. Der Volksmund macht sich mit dem Satz *Wachparade ist Wachparade* über sie lustig.

Dritte Regel. Die Definition darf keine negativen Bestimmungen enthalten. Wenn wir bloß hören, was ein Begriff nicht ist, können wir uns unter ihm was immer sonst vorstellen. Der griechische Mathematiker Euklid hat den Punkt als etwas definiert, was keine Teile (in manchen Fassungen: keine Ausmaße) hat, und damit ein klassisches Beispiel für den entsprechenden Fehler geschaffen.

Vierte Regel. Eine Definition soll aus eindeutigen Wörtern bestehen; bildhafte Ausdrücke mit übertragener Bedeutung sind nicht gestattet. Weil das Wort *Schenkel* die konsekrierte Bezeichnung für die Teile der Scharnierschere ist, dürfen wir in einer sachlichen Definition nicht das Wort *Arme* verwenden, wie es in dem folgenden Rätsel geschieht.

TRENNENDE ARME

Zwei Arme gab man mir.
Mit einem würd' ich dir
nur wenig nützen können.
Doch nun vereine sie,
so werden ohne Müh'
sie alles trennen,
was sie umarmen können.

Ebensowenig dürfen wir in einer sachlichen Definition des Zirkels, dessen Teile wie jene der Scharnierschere *Schenkel* heißen, das Wort *Beine* gebrauchen. Im Rätsel ist es anders, für Rätsel gilt die Regel nicht:

Zweibein ging übers Feld.
Er sagte: „Rund ist die Welt!"

Durch die Vermeidung von Bildhaftigkeit unterscheidet sich die sachliche Definition von künstlerischen Darstellungen. Beide haben ihre Vorteile; unter Umständen prägen sich künstlerische Darstellungen dem Gedächtnis besser ein, weil sie nicht nur den Verstand, sondern auch das optische sowie das akustische Vorstellungsvermögen und das Gefühl ansprechen. Dafür zwei Beispiele.

Die Verleumdung ist eine besondere Art der Charakterisierung — wider besseres Wissen werden über jemanden Unwahrheiten oder nicht beweisbare Behauptungen hervorgebracht und verbreitet, die sein Ansehen herabsetzen. Gioacchino Rossini hat die Art und Weise, wie die Verleumdung wirkt, in einer Arie gestaltet, die auf jeden Zuhörer Eindruck macht (*Der Barbier von Sevilla;* erster Aufzug, zehnter Auftritt):

Basilio. Die Verleumdung, sie ist ein Lüftchen,
kaum vernehmbar in dem Entstehen,
still und leise ist sein Wehen:
Horch, nun fängt es an zu säuseln —
immer näher, immer näher kommt es her. —
Sachte, sachte! — Nah zur Erde!
Kriechend, schleichend! — Dumpfes Rauschen!
Wie sie horchen, wie sie horchen!
Wie sie lauschen, wie sie lauschen!
Und das zischelnde Geflüster
dehnt sich feindlich, dehnt sich feindlich aus und düster,
und die Klugen und die Tröpfe
und die tausend hohlen Köpfe
macht sein Sausen voll und leer! —
Das Gerede schwellt die Lungen —
das Gemurmel wird Geheule —
wälzt sich hin mit Hast und Eile;
und der Lästerzungenspitzen
zischen drein mit Feuerblitzen,
und es schwärzt sich Nacht und Schrecken
schaurig immer mehr und mehr.
Endlich bricht es los, das Wetter,
unter gräßlichem Geschmetter!
Durch der Lüfte Regionen
tobt's wie Brüllen der Kanonen,
und der Erde Stoß und Zittern
widerhallt in den Gewittern,
in der Blitze Höllenschlund! —
Und der Arme muß verzagen,
den Verleumdung hat geschlagen. —
Schuldlos geht er dann, verachtet,
als ein Ehrenmann zugrund.
Ja, schuldlos geht er dann zugrund,
geht er zugrund!

Missingsch ist eine Sprachform — die halbmundartliche hochdeutsche Sprache in Niederdeutschland, die hochdeutsch sein will, aber durch niederdeutsche Bestandteile den niederdeutschen Sprecher verrät. Dieselben Informationen hat Kurt Tucholsky in ein lustiges Bild umgesetzt, wir finden es im Roman „Schloß Gripsholm" (S. 9):
Missingsch ist das, was herauskommt, wenn ein Plattdeutscher hochdeutsch sprechen will. Er krabbelt auf der glatt gebohnerten Treppe der deutschen Grammatik empor und rutscht alle Nase lang wieder in sein geliebtes Platt zurück. (...)

Wie gut sich die Menschen über die Notwendigkeit Rechenschaft geben, die die vierte Regel nahelegt, beweisen Rätseltexte, deren Aussage durch Metaphern verdunkelt ist. Diese Texte stellen Definitionen dar, die ganz bewußt unsachlich formuliert worden sind, um das Publikum irrezuführen. Die bildhaften Ausdrücke können sich sowohl auf den Gattungsbegriff als auf den artspezifischen Unterschied beziehen. Das Rätsel spricht etwa von einer Brücke und meint den Regenbogen, von einem Mann und meint den Ofen, von einer Brigade und meint die fünf Finger einer Hand, von einem Häuschen und meint das Kerngehäuse des Apfels oder der Birne. Zahlreiche Texte sind raffinierte Kombinationen von Hinweisen und Ablenkungen. Zum Beispiel:

> Es hat einen Rücken
> und liegt nicht drauf,
> du brauchst keinen Hammer
> und schlägst es auf.
> Es ist kein Baum
> und hat doch Blätter,
> besitzt keinen Mund
> und spricht vom Wetter.
> Ja, es erzählt
> gar viele Sachen,
> manche zum Weinen
> und manche zum Lachen.
>
> (Das Buch)

> Zwei Eimer sieht man ab und auf
> in einem Brunnen steigen,

und schwebt der eine voll herauf,
muß sich der andre neigen.
Sie wandern rastlos hin und her,
abwechselnd voll und wieder leer;
und bringst du diesen an den Mund,
hängt jener in dem tiefsten Grund;
nie können sie mit ihren Gaben
im gleichen Augenblick dich laben.

(Tag und Nacht)
Friedrich Schiller

Anschließend zwei Definitionen aus Kindermund, die höchst realistisch anmuten, obwohl sie gegen die vierte Regel verstoßen:

Wind ist Luft, die es eilig hat. Susi hat den Wind personifiziert, es wird ihm eine Absicht, also eine menschliche Fähigkeit zugeschrieben.

Der Pfau ist ein blühendes Huhn. Versuchen wir, mit anderen Worten auszudrücken, was das Kind sagen wollte: Der Pfau ist ein Vogel, der dem Huhn ähnlich sieht, doch ist sein Gefieder viel bunter — der Pfau verhält sich zum Huhn wie eine Blüte zur Knospe.

TELEFON UND TELEGRAF

Eine Frau fragte den Physiker Marconi nach dem Prinzip den Telefons.

„Stellen Sie sich einen Hund vor", antwortete der Gelehrte, „dessen Schnauze in London und dessen Schwanz in Rom ist. Wenn Sie den Hund in Rom am Schwanz ziehen, bellt er in London."

„Interessant, sehr interessant. Aber was ist die drahtlose Telegrafie?"

„Dasselbe, bloß ohne Hund."

Fünfte Regel. Eine Definition darf keiner anderen widersprechen. Wer beispielsweise das Quecksilber in die Klasse der Metalle eingeordnet hat, kann die Metalle nicht als feste Körper beschreiben.

EIN SELTSAMER FISCH

Der akademische Ausschuß für die Redaktion des Wörterbuchs der französischen Sprache hatte die Definition des

Krebses beendet. Sie lautete wie folgt: „ein kleiner roter Fisch, der rückwärts geht". Doch einer der Philologen wollte die Ansicht von Cuvier [1] hören.

Der Naturwissenschaftler sagte: „Werte Kollegen, der Krebs ist kein Fisch, er ist nicht rot und geht nicht rückwärts. Abgesehen von diesen Abweichungen ist Ihre Definition vollkommen."

Krebse sind kiemenatmende, gewöhnlich im Wasser lebende Gliederfüßer, an deren meist von einem Panzer bedecktem Leib sich zwei Fühler und mehr als vier Paar Beine, einschließlich der scherentragenden Schreitbeine, befinden.

Im Unterhaltungsteil von Publikationen und in Almanachen finden wir ab und zu sogenannte lustige Definitionen — Begriffsbestimmungen, die gegen die fünfte Regel verstoßen, indem bekannte Begriffe falsch oder unzulänglich definiert werden. Für das Publikum hätten solche Entstellungen keinen Reiz, wenn ihm der richtige Sachverhalt nicht bekannt wäre und es den Verstoß nicht merkte.

Streit: die längste Verbindung zwischen zwei Standpunkten.

Wolke: Nebel, der Karriere gemacht hat.

Braut: eine Optimistin, die die Welt durch einen Schleier sieht.

Geldstrafe: erzwungener Kauf einer Quittung.

Verantwortung: eins der wenigen Dinge, die jeder gern mit anderen teilt.

Gerücht: Nachricht, die sich mit Überschallgeschwindigkeit verbreitet.

Sklerose: Gedächtnis in Pension; der Zustand, in dem man sich noch erinnert, etwas vergessen zu haben; nach Ansicht der Angestellten eine Eigenschaft jedes Chefs.

Brüche: zweistöckige Zahlen.

Musik: organisierter Lärm.

Punkt: ein Winkel, dem man die Schenkel ausgerissen hat.

Spezialist: ein Gelehrter, der immer mehr über immer weniger (und zuletzt alles über nichts) weiß.

---

[1] Georges Cuvier — der Begründer der vergleichenden Anatomie und der Paläontologie, 1769—1832.

AUS EINEM „KLEINEN ANGLERLEXIKON"

Drillen: Fröhliches Fangspiel zwischen Angler und Fisch. Endet entweder damit, daß der Fisch im Kescher oder der Angler im Bach landet.
Meter: Längenmaß, im Angelsport 45 Zentimeter.
Naßfliege: Künstliche Fliege, mit der unter Wasser gefischt wird; im Prinzip jede Art künstliche Fliege, da auch die sogenannte Trockenfliege (siehe dort) bei Berührung mit dem Wasser naß wird und sofort untergeht.
Schnur: Leine zwischen den Angelruten benachbarter Angler; wird in der Mitte durch zwei Haken zusammengehalten.
Trockenfliege: Phantasievoller bunter Köder zum Flugangeln, der auf der Wasseroberfläche schwimmen soll. Es gibt Hunderte verschiedener Typen. Nach mehrmaligem Gebrauch haben sie sich ausnahmslos auf drei Typen reduziert: unscheinbar, unrettbar, unbrauchbar.

(Aus: „Das Beste aus Reader's Digest"; Nr. 7/1984, S. 57—58)

Die „lustigen Definitionen" werden schmunzelnd akzeptiert, weil das Publikum den wahren Sachverhalt gut kennt — es kann den betreffenden Begriff richtig einordnen, d. h. einem Gattungsbegriff unterordnen und den artspezifischen Unterschied angeben, wenn auch nicht immer in einer knappen, stilistisch einwandfreien Formulierung. Jede „lustige Definition" bestätigt, wie gut sich die Menschen der Forderung der fünften Regel bewußt sind.

UM EIN TASCHENTUCH

Eine amerikanische Journalistin fragte Shaw, welche Komödie Shakespeares ihm am besten gefalle.
„Othello", war die Antwort.
„Aber ,Othello' ist doch keine Komödie."
„Unsinn", erwiderte Shaw. „Ein Theaterstück, dessen Handlung sich um ein Damentaschentuch dreht, muß eine Komödie sein."

RAT DES EXPERTEN

Im Restaurant erkundigt sich ein Gast beim Kellner: „Was empfehlen Sie mir, weiche Eier oder Omelette?"

„Nehmen Sie keine weichen Eier, die sind nicht frisch, nehmen Sie lieber Omelette, da sind keine Eier drin."

Zusammenfassend kann man sagen: Während die Menschen einerseits mit den Definitionen spielen, indem sie absichtlich gegen die Regeln verstoßen — so in den Rätseln und in den „lustigen Definitionen" —, machen sie sich andererseits mit Witzen und Anekdoten über die unbeabsichtigten Verstöße anderer lustig. Also sind ihnen die Forderungen der Regeln bewußt.

3. Klassifikation und Division

Aus praktischen Gründen hat sich im Laufe der Zeit oft die Notwendigkeit ergeben, eine Menge von Begriffen nach Merkmalen zu ordnen, die mehreren gemeinsam sind, so die Pflanzen, die Tiere, die Minerale, die chemischen Elemente, die Werkzeuge, die Berufe, die Fahrzeuge, die Sprachen usw. Man nennt diese logische Operation Klassifizieren oder **Klassifikation**; die zweite Wortform bezeichnet auch das Ergebnis. Jeder Mensch wird in seiner Jugend mit zahlreichen Systemen von Begriffen bekannt und vertraut.

Je nachdem, ob wesentliche Merkmale oder andere, aus irgendeinem Grund praktisch erscheinende Merkmale als Kriterium dienen, spricht man von **natürlicher** oder **künstlicher Klassifikation**.

Beginnen wir mit der natürlichen.

Man hat die Baumarten mit nadelförmigen Blättern — bis heute sind mehr als 600 beschrieben — in der Klasse der Nadelhölzer zusammengefaßt. Sie bilden die artenreichste Gruppe der jetzt lebenden nacktsamigen Pflanzen. Bei diesen sitzen die Samenanlagen nicht im Inneren eines Fruchtknotens, sondern frei an den Samenblättern. Im Gegensatz dazu sind bei den bedecktsamigen **Pflanzen** die Samenanlagen in einem Fruchtknoten eingeschlossen, in dem sie sich zu reifen Samen entwickeln. Von den bedecktsamigen Pflanzen gibt es etwa 250 000 Arten. Innerhalb dieser Klasse wird ein Unterschied zwischen einkeimblättrigen und zweikeimblättrigen Pflanzen gemacht. Die Systematisierung des Pflanzenreichs, die im wesentlichen auf Carl von Linné (1707—1778) zurückgeht, ist bis heute nicht endgültig abgeschlossen.

Sehen wir uns im folgenden an, wie man bei der Eisenbahn die Wagentypen ordnet. Da gibt es u. a. den Personenwagen, den Viehwagen, den Rungenwagen für Stroh, Holz und Bretter, den Schienenwagen für Schienen, Walzeisen und Rohre, den Kranwagen, den Gepäckwagen, den Selbstentladewagen für Erz und feste Brennstoffe, den Postwagen, den Heizwagen, den Kühlwagen, den Kesselwagen für Gas und Öl, den Schlafwagen, den Topfwagen für Säuren, den Speisewagen, den Tiefladewagen für hohe Güter, den Salonwagen, den Prüf- und Meßwagen usw. Das wichtigste Kriterium zur Unterscheidung der Eisenbahnwagen ist die Fracht. Jene Wagentypen, die das Merkmal „Beförderung von Personen und deren Gepäck" haben, werden in der Klasse der Reisezugwagen zusammengefaßt, jene mit dem Merkmal „Beförderung von Gütern" in der Klasse der Güterwagen und jene mit dem Merkmal „Sonderdienste" in der Klasse der Bahndienstwagen.

Das nächstliegende Beispiel für ein unwesentliches Merkmal, welches oft als Kriterium herangezogen wird, ist der Name. Mit Hilfe des Alphabets, das allgemein bekannt ist, ordnet man die Begriffe nach ihrem Namen in Katalogen, Karteien und Lexika, so daß der Leser sie leicht findet.

Das Klassifizieren von Begriffen ist nicht identisch mit dem Klassifizieren von Gegenständen. Wenn wir im Alltag eine Menge von Gegenständen nach Eigenschaften ordnen, die mehreren gemeinsam sind, sagen wir Werkzeuge oder Nahrungsgüter oder Bücher, dann richten wir uns gewöhnlich nach bekannten, konsekrierten Systemen von Begriffen, wir ziehen aber von Fall zu Fall auch andere Kriterien in Betracht, die sich als vorteilhaft erwiesen haben, so die Ausmaße, die Häufigkeit des Gebrauchs, den materiellen Wert und die Haltbarkeit.

Beim Klassifizieren sind vier Regeln zu beachten.

Erste Regel. Jedes Element der Ausgangsmenge soll in einer der zu bildenden Klassen untergebracht werden — es darf keines übrigbleiben. Dazu folgendes Beispiel: Weil sich ein Teil der Eisenbahnzüge aus Reisezug- und aus Güterwagen zusammensetzt, wurde neben den Klassen „Reisezüge" und „Güterzüge" auch die Klasse „gemischte Züge" eingeführt.

IM SCHWARZEN MEER

Einst reiste ein junger Skythe namens Anacharsis nach Athen, um die demokratische Gesetzgebung Solons zu studieren. Im Schwarzen Meer beutelten schreckliche Stürme sein Schiff. Nachher sagte Anacharsis, daß es drei Arten von Menschen gebe: Lebende, Tote und Seefahrer.

Zweite Regel. Die zu bildenden Klassen sollen gegeneinander scharf abgegrenzt sein — kein Element darf zwei Klassen angehören. Das Bewußtsein dieser Notwendigkeit kommt in sprichwörtlichen Redensarten wie *Weiß oder schwarz! Links oder rechts! Pip oder pap!* zum Ausdruck.

BEI MARATHON

In der Schlacht bei Marathon, sagte Professor Galletti einmal, waren 1000 Platäer, 9000 Athener und 21 000 Griechen.

Dritte Regel. Es darf nur ein einziges Kriterium für die Zuordnung der Begriffe geben. So können wir beispielsweise eine Menge Pflanzen nicht gleichzeitig nach der Lebensdauer und danach klassifizieren, ob der Mensch ihnen Pflege angedeihen läßt; man unterscheidet einerseits die einjährigen von den mehrjährigen, andererseits die wildwachsenden von den Kulturpflanzen. Ebensowenig können wir die Nebensätze gleichzeitig nach dem Inhalt und nach der Form klassifizieren: im ersten Fall unterscheidet man Subjekt-, Prädikativ-, Objekt-, Adverbial- und Attributsätze, im zweiten uneingeleitete Nebensätze, Relativsätze, indirekte Fragesätze und Konjunktionalsätze.

Selbstverständlich gilt diese Regel auch für das Ordnen von Gegenständen. Der Volksmund faßt sie vereinfachend in die Feststellung, man könne eine Anzahl Menschen nicht „einteilen", d. h. klassifizieren in Raucher, Nichtraucher und Schofföre.

Vierte Regel. Die Ähnlichkeiten zwischen den Elementen einer Klasse sollen größer sein als die Unterschiede. Diese Forderung bedingt die gründliche Kenntnis der Elemente. Die Wale und die Fledermäuse konnten den Säugetieren erst zugeordnet werden, nachdem geklärt worden war, wie sie die Jungtiere aufziehen.

EIN GEMISCHTER CHOR

„Sagten Sie nicht, daß in ihrem Dorf ein gemischter Chor singt? Ich sehe nämlich nur Männer auf der Bühne."

„Doch, es ist ein gemischter Chor — die einen können singen, die anderen dagegen nicht."

PROBLEME MIT NADELN

„Sie müssen sich eine ganz leichte, rein mechanische Arbeit suchen", rät der Psychiater seinem Patienten.
Nach drei Wochen kommt der Mann wieder, fahriger als zuvor.
„Was tun Sie jetzt?"
„Ich sortiere Nähnadeln: dicke, halbstarke, dünne."
„Na also. Das ist doch eine ruhige Beschäftigung."
„Ruhig, Herr Doktor? Ich bitte Sie — immer diese Entscheidungen!"

Der Klassifikation entgegengesetzt ist die logische Operation der **Division,** die dazu dient, den Aufbau eines allgemeinen Begriffs übersichtlich darzustellen. Während man beim Klassifizieren von Artbegriffen zu Gattungsbegriffen fortschreitet, geht man beim Dividieren von einem allgemeinen Begriff aus. Man zählt erst die Arten, dann die Unterarten auf und fährt auf diese Weise nach Belieben fort, bis man bei den Einzelbegriffen angelangt ist.

Die Laute z. B. werden in Selbstlaute und Mitlaute eingeteilt, die Mitlaute der deutschen Sprache ihrerseits nach der Artikulationsart in
— Verschlußlaute (p, t, k, b, d, g),
— Nasenlaute (m, n, ng),
— Schwinglaute (Zungenspitzen-r und Halszäpfchen-r),
— Reibelaute (f, w, ß, s, sch, sh, Ich-Laut, Ach-Laut, j, h) und
— den Seitenlaut (l);
nach der Artikulationsstelle aber in
— Lippenlaute (p, b, m),
— Lippenzahnlaute (f. w),
— Zahnlaute (t, d, n, l, ß, s, sch, sh),
— Vordergaumenlaute (Ich-Laut, j),
— Hintergaumenlaute (k, g, ng, Ach-Laut),
— den Zungenspitzenlaut (r),
— den Halszäpfchenlaut (r) und
— den Kehlkopflaut (h).

Auch beim Dividieren sind mehrere Regeln zu beachten.
Erste Regel. Die Division ist vollständig durchzuführen, so daß der gesamte Umfang des Ausgangsbegriffs erschöpft

wird — uns darf nichts übrigbleiben. Es wäre beispielsweise falsch, die Metalle in Schwarzmetalle und Buntmetalle zu teilen, weil zu diesen zwei Gruppen relativ wenige Metalle gehören (Eisen, Chrom und Mangan einerseits, Kupfer, Nickel, Kobalt, Antimon, Wismut, Zink, Zinn, Cadmium und Quecksilber andererseits). Die Einteilung der Gebirge nach der Art ihrer Entstehung in vulkanische und in Faltengebirge wäre inkomplett, weil es nach demselben Kriterium auch Bruchgebirge und Erosionsgebirge gibt.

Zweite Regel. Die Glieder der Division sollen klar voneinander getrennt sein — ihre Umfänge dürfen sich nicht überlagern. So ist z. B. die Einteilung der Verben in „Vollverben" und „Hilfsverben" nicht stichhaltig. Nach Walter Jung (*Grammatik der deutschen Sprache;* S. 188—189) ist das „Hilfsverb" nicht eine Unterwortart der Verben. *„Hilfsverb" zu sein ist eine mehr oder weniger häufige Funktion bestimmter Verben. Wenn sie in diesem Sinne gebraucht werden, haben sie keine eigene bestimmte Bedeutung, sondern kennzeichnen das Hauptverb zeitlich oder inhaltlich.* Solche Verben sind *haben, sein, werden, dürfen, können, mögen, müssen, sollen, wollen, scheinen, beginnen, pflegen* u. a.

Dritte Regel. Für jede Stufe der Division soll es nur ein Kriterium geben. Wir können z. B. die Gebirge nicht gleichzeitig nach der Art ihrer Entstehung (siehe oben) sowie nach der Höhe (in Mittel- und Hochgebirge) dividieren, die chemischen Verbindungen nicht gleichzeitig nach dem Aggregatzustand, in dem sie sich gewöhnlich befinden (in feste, flüssige und gasförmige) sowie nach der Zahl der beteiligten Elemente (in binäre, ternäre, quaternäre usw.), die Publikationen nicht gleichzeitig nach der Häufigkeit des Erscheinens (in Tages-, Wochen- und Monatszeitungen) sowie nach dem Verbreitungsgebiet (in lokale, regionale und überregionale Zeitungen).

Ein Schüler schrieb: Es gibt feste Körper, flüssige Körper und anmutige Körper.

Vierte Regel. Man soll keine Stufe überspringen, sondern Schritt für Schritt vorgehen — von der Gattung zur Art, von der Art zur Unterart usw. —, damit die Division vollständig sei und ihre Rolle als Mittel der sachlichen, übersichtlichen Darstellung eines Systems von Begriffen erfülle. Demzufolge dürfen wir beispielsweise beim Stammbaum des Menschen von den Herrentieren oder Primaten nicht direkt zu den Menschenaffen übergehen. Die Beziehung zwischen den zwei Begriffen geht über mehrere Glieder. Für diesen Bereich hat die Wissenschaft folgendes Bild erarbeitet:

Die Säugetierordnung der Herrentiere oder Primaten zerfällt in die zwei Unterordnungen: Halbaffen und Affen, wobei letztere nach ihrer Verbreitung in Altweltaffen und Neuweltaffen eingeteilt werden. Zu den Altweltaffen gehören die Familien der Tieraffen (Makaken, Paviane, Meerkatzen und Stummelaffen) sowie die Überfamilie der Hominiden. Die Überfamilie der Hominiden umfaßt einerseits die Familie der Menschenaffen oder Pongiden, die sich in drei Gattungen mit mehreren Arten gliedert (Orang-Utans, Schimpansen und Gorillas), andererseits die Familie Homo mit der Gattung Homo sapiens, mit der Art Homo sapiens sapiens — dem heute lebenden Menschen.

DIE ZWEITE FRAGE

Der Schriftsteller S. T. war zu einer Party eingeladen.
„Sie sind also der berühmte Schriftsteller?" fragte ihn die Dame des Hauses. S. T. nickte bescheiden. „Und jetzt noch eine Frage, Verehrtester. Sind Sie Taschenbuchautor oder schreiben Sie auch richtige Bücher?"

III. DIE AUSSAGEN

Die Wirklichkeit, die uns umgibt, besteht aus zahlreichen Teilen. Unser Verstand vergleicht diese Teile miteinander und stellt Ähnlichkeiten oder Unterschiede fest. Er stellt weiterhin fest, daß es zwischen diesen Teilen Beziehungen gibt. Seine Feststellungen kommen vom Standpunkt der Logik in **Aussagen** zum Ausdruck, die entweder gedachte oder ausgesprochene oder geschriebene Sätze sind. Zum Beispiel: Ich denke, also bin ich (lateinisch: Cogito, ergo sum). Das Gebiet der heutigen Karpaten war bis in das Mitteltertiär von Meer bedeckt. Steter Tropfen höhlt den Stein. Wer wandern will, muß den Weg kennen. Der Auftrieb ist das Emporsteigen eines Körpers entgegen der Schwerkraft durch Druckunterschiede, die in Gasen und Flüssigkeiten bestimmte Kräfte entstehen lassen. Die Frauen haben immer anderthalbmal recht. Erich Kästners Kinderbuch „Der 35. Mai" handelt vom Aufsatzunterricht. 1987 erreichte die Bevölkerung Rumäniens 23 Millionen.

Die Aussagen dienen nicht einer Mitteilung schlechthin, sondern fassen eine Sachlage zusammen. Sie bringen Erkenntnisse zum Ausdruck. Manche stellen Schlußfolgerungen aufgrund umfassender Überlegungen dar, die Argumente für und wider einschließen. Sie sind wahr oder falsch. Eine Aussage ist wahr, wenn sie den objektiven Tatsachen entspricht.

Vom Wahrheitsgehalt einer Aussage hängen oft wichtige Entscheidungen ab. Deshalb konnte es nicht ausbleiben, daß die Pointe in verschiedenen Witzen sich auf den Wahrheitsgehalt einer Aussage bezieht.

PETER ZWEIFELT

Peter tippt seinen Vater an, der sich gerade auf die Couch gelegt hat, und beginnt: „Du, Vati, du bist doch früher mit dem Vater von Rolf Ackermann in dieselbe Klasse gegangen?"

„Stimmt."

„Wie kommt es dann, daß auch Rolfs Vater immer der Beste war — genau wie du?"

BÜRO-ERFAHRUNG

Eine Frau stürmt in das Sekretariat des Betriebs und verlangt, daß man sie zum Direktor läßt.

„Sie können nicht mit ihm sprechen", erklärt die Sekretärin, „er ist verreist."

„Ich bin aber seine Gattin!"

„Ach, alle sagen dasselbe."

FRAGWÜRDIGER ZEUGE

Richter: „Sie kennen den Zeugen, Angeklagter. Halten Sie seine Aussagen für glaubwürdig?"

Angeklagter: „Wie man's nimmt. Er war früher jahrelang beim Wetterdienst angestellt."

FOLGEN DER EHE

„Ist es wahr, daß Ehemänner länger leben als Junggesellen?"

„Nein, das Leben erscheint ihnen nur länger."

IM HOTEL

„Am ärgsten ist es mit den Frauen", gestand der Polizeichef einer englischen Kleinstadt seufzend. „Sie werden nie etwas zugeben. Unlängst schlief eine Dame im Hotel mit der brennenden Zigarette im Bett ein und verursachte so einen Brand. Bei der Einvernahme erklärte sie, es sei nicht ihre Schuld, das Bett habe schon gebrannt, als sie sich schlafen legte."

Ein und denselben Tatbestand können wir auf verschiedene Weise in Wörter kleiden, die einen grammatischen Satz bilden. Zum Beispiel: (1) Es regnet. Die Wolken regnen ab. (2) Die ursprüngliche Heimat der Hauskatze ist Ägypten. Die Hauskatze stammt aus Ägypten. (3) Lugoj liegt höher als Timișoara. Timișoara liegt tiefer als Lugoj. (4) Peter arbeitet als Tischler/Schreiner/Kästner. Peter stellt gewerbmäßig Möbel her. (5) Irren ist menschlich. Alle Menschen machen Fehler.

Damit man den Wahrheitsgehalt leicht erkennt, sollen die Aussagen sprachlich eindeutig formuliert sein. Verschwommene Aussagen karikiert die Redensart *Er ist ein braver Bub — er hat noch keinen fremden Mühlstein und keinen glühenden*

Amboß weggetragen. In der Logik werden die Aussagen zur Sicherheit oft formalisiert, d. h. mit Hilfe von Symbolen in eine mathematische Form gebracht.

Eine Aussage besteht aus Subjekt und Prädikat. Die Wörter *Subjekt* und *Prädikat,* die wir von der Grammatik her kennen, stammen aus der Logik, die Grammatik hat sie übernommen. Die Grammatik hat ihre Bedeutung verändert — in der Logik bezeichnen sie nur bedingt dasselbe wie in der Grammatik.

In der Logik ist das **Subjekt** der Begriff, der eine Klasse widerspiegelt, über die etwas ausgesagt wird. Grundsätzlich ist es in der Grammatik auch so, doch kommen durchaus korrekte Formulierungen mit einer Rollenverschiebung vor.

Betrachten wir den Satz *Peter geht es gut.* Obwohl in diesem Satz etwas über Peter ausgesagt wird, gilt nach den Regeln der Grammatik *es* als grammatisches Subjekt und *Peter* als Dativobjekt. Deshalb formulieren wir den Satz für unsere Zwecke um und sagen: *Peter ist gesund und munter.* Aus demselben Grund verwandeln wir den Satz *Der Jugend gefallen Abenteuer* in den Satz *Die Jugendlichen sind abenteuerlustig.*

Das **logische Prädikat** stellt eine Eigenschaft dar, von der man sagt, daß sie der Klasse angehört (bzw. nicht angehört), die vom logischen Subjekt widerspiegelt wird. Zum Unterschied vom grammatischen Prädikat umfaßt das logische Prädikat alles, was über das Subjekt ausgesagt wird — es ist somit weiter als das grammatische, es faßt viererlei grammatische Satzglieder zusammen, nämlich das Prädikat, die Objekte, die Adverbialbestimmungen und das prädikative Attribut. Zum Beispiel: Schwalben *lernen in der Gefangenschaft schwer fliegen.* Münz-Automaten *sind Verkaufsapparate, die nach Einwurf einer Geldmünze selbsttätig eine bestimmte Ware (Waren-Automat) oder Leistung (Fernsprech-Automat, Wiege-Automat) verabfolgen.*

Nun ist noch eine Bemerkung zu einem Requisit der traditionellen Schulgrammatik fällig, nämlich zur sogenannten Kopula, einer Form von *sein,* die das Subjekt mit dem sogenannten nominalen Prädikat verbindet. Manche Sprachen brauchen das Wort *ist* bzw. *sind,* so Lateinisch, Deutsch und Rumänisch; andere Sprachen kommen ohne dieses Wort aus, beispielsweise Russisch und Ungarisch. Vom Standpunkt der Logik spielt die Kopula keine Rolle.

Eine Aussage verbindet zwei oder mehrere Begriffe miteinander. Seit dem Philosophen Immanuel Kant (1724—1804) werden die Aussagen nach Quantität, Qualität, Relation und Modalität gruppiert.

Nach der **Quantität** unterscheidet man zwischen singulären (einzelnen), partikulären (besonderen) und universalen (allgemeinen) Aussagen.

Eine Aussage ist **singulär,** wenn sich das Prädikat auf einen Fall bezieht. Zum Beispiel: Die Beereneibe steht unter Naturschutz. Der Märchensammler Petre Ispirescu lebte in București.

Eine Aussage ist **partikulär,** wenn sich das Prädikat nicht auf den ganzen möglichen Umfang des Subjekts bezieht. Zum Beispiel: Manche Krankheiten werden durch Berührung übertragen. Einige europäische Zugvögel überfliegen das Mittelmeer.

Eine Aussage ist **allgemein,** wenn sich das Prädikat auf den ganzen möglichen Umfang des Subjekts bezieht. Zum Beispiel: Keine Rose ohne Dornen. Bei Nacht sind alle Katzen grau.

Nach der **Qualität** unterscheidet man zwischen positiven (bejahenden) und negativen (verneinenden) Aussagen.

Die **bejahende Aussage** drückt einen in der Wirklichkeit bestehenden Zusammenhang aus. Zum Beispiel: Die Pinguine sind Vögel. Der Vorläufer unseres Messers war ein geschliffener Stein.

Die **verneinende Aussage** bringt zum Ausdruck, daß ein möglicher Zusammenhang nicht besteht. Verneinende Aussagen spielen bei der Erforschung der Welt als Zwischenergebnisse auf dem Weg zu neuen Erkenntnissen eine Rolle. Zum Beispiel: Kolumbus ist nicht in Indien gelandet (Feststellung von Amerigo Vespucci). Die Beschleunigung der fallenden Körper hängt nicht von deren Gewicht ab (Feststellung von Galileo Galilei). X-Strahlen werden von Metallen nicht reflektiert und beim Übergang in ein anderes Medium nicht gebrochen, sie werden weder in einem elektrischen noch in einem magnetischen Feld abgelenkt (Feststellung von Wilhelm Konrad Röntgen). Die Körperwärme der Vögel und der Säugetiere, die in der Antarktis leben, ist nicht größer als jene der Tiere in anderen Klimazonen (Feststellung von Emil Racoviță).

Nach der **Relation** unterscheidet man zwischen kategorischen, disjunktiven und **hypothetischen Aussagen.**

Die **kategorische Aussage** drückt eine einzige Beziehung zwischen zwei Begriffen aus, ohne diese Beziehung irgendwie zu bedingen. Zum Beispiel: Die Braunbären sind Allesfresser. Das Koagulieren von Eiweiß ist nicht reversibel.

Die **disjunktive Aussage** drückt zwei oder mehrere Möglichkeiten aus, die sich gegenseitig ausschließen, und ist am Wortpaar *entweder — oder* zu erkennen. Zum Beispiel: Die Vogeljungen sind entweder Nesthocker oder Nestflüchter. Eine Schachpartie endet entweder mit Matt oder unentschieden.

Von Goethe stammt folgender gern zitierte Spruch:

Du mußt steigen oder sinken.
Du mußt herrschen und gewinnen
oder dienen und verlieren.
Leiden oder triumphieren,
Amboß oder Hammer sein.

Die Inseln des Mittelmeers, sagte Professor Galletti einmal, sind alle größer oder kleiner als Sizilien.

Eine disjunktive Aussage ist wahr, wenn eine ihrer Komponenten wahr ist. Sie ist falsch, wenn alle ihre Komponenten wahr oder alle falsch sind.

Die **hypothetische Aussage** drückt eine Bedingung oder Abhängigkeit aus und ist an der Konjunktur *wenn* zu erkennen. Zum Beispiel: Ein fester Körper schwimmt, wenn das Gewicht des Wassers, das er verdrängt, größer ist als sein Eigengewicht. Ohne Fleiß kein Preis, d. h.: Wenn du nicht fleißig bist, gelangst du zu keinem besonderen Ergebnis.

Nach der **Modalität** unterscheidet man zwischen assertorischen, problematischen und apodiktischen Aussagen.

Die **assertorische Aussage** bringt eine Tatsache zum Ausdruck. Zum Beispiel: Die Bienen können sich auch am ultravioletten Sonnenlicht orientieren, das durch die Wolken dringt. Die Entwicklung eines Menschen wird von Vererbung und Erziehung bestimmt.

Die **problematische Aussage** bringt eine Möglichkeit zum Ausdruck. Zum Beispiel: Es kann sein, daß es auf dem Mars in größerer Tiefe Wasser gibt. Es kann sein, daß die Osterinsel zuerst von Südamerika aus besiedelt worden ist.

Die **apodiktische Aussage** bringt eine Notwendigkeit zum Ausdruck. Zum Beispiel: Man muß das Eisen schmieden, solange es heiß ist. Im Interesse des menschlichen Lebens muß die Ozonschichte der Atmosphäre erhalten bleiben.

Falls wir vier Aussagen mit gleichem Subjekt und Prädikat haben, die sich vom Gesichtspunkt der Quantität und der Qualität voneinander unterscheiden, dann bestehen zwischen diesen Aussagen derartige logische Beziehungen, daß man ausgehend von der Wahrheit der einen sagen kann, ob gewisse andere wahr oder falsch sind.

Man schreibt für das Subjekt abkürzend S, für das Prädikat abkürzend P.

Betrachten wir folgende vier Aussagen:

A (allgemein bejahend). Alle europäischen Zugvögel überfliegen das Mittelmeer. (Symbolisch: SaP.)

E (allgemein verneinend). Kein europäischer Zugvogel überfliegt das Mittelmeer. (Symbolisch: SeP.)

I (partikulär bejahend). Einige europäische Zugvögel überfliegen das Mittelmeer. (Symbolisch: SiP.)

O (partikulär verneinend). Einige europäische Zugvögel überfliegen das Mittelmeer nicht. (Symbolisch: SoP.)

Falls wir von der Aussage A ausgehen, die wir als wahr betrachten, dann ist die Aussage E falsch — und zwar aufgrund des Satzes vom ausgeschlossenen Widerspruch. A und E können nicht gleichzeitig wahr sein, doch können beide falsch sein.

Wenn A gilt, gilt auch I.

Wenn A wahr ist, müssen wir ferner schlußfolgern, daß O falsch ist, und zwar aufgrund des Satzes vom ausgeschlosnenen Dritten.

Falls wir umgekehrt davon ausgehen, daß A falsch ist, müssen wir aus demselben Grund den Schluß ziehen, daß O wahr ist. Es läßt sich aber nicht sicher auf I schließen — ebensowenig wie aus der Wahrheit von I auf A.

Zwei Aussagen, die konträr sind (A und E), können nie zusammen wahr sein, wohl aber können sie zusammen falsch sein, und ebensogut kann eine von ihnen wahr, die andere dagegen unwahr sein.

Von zwei kontradiktorischen Aussagen (A und O bzw. E und I) ist jeweils eine wahr und eine falsch.

NICHT GEFAHREN, NICHT GEGANGEN, NICHT GERITTEN

In einem weitverbreiteten Schwankmärchen, am besten unter dem Titel „Die kluge Bauerntochter" bekannt (*Kinder-*

und Hausmärchen der Brüder Grimm Nr. 94), wird mit disjunktiven Aussagen gespielt. Ein Mensch ist nackt oder bekleidet, er geht zu Fuß, reitet oder fährt auf einem Wagen — andere Möglichkeiten sind nicht gegeben. Vom Märchenhelden aber wird mehr verlangt.

In der Grimmschen Fassung stellt der König folgende Aufgabe: *„Komm zu mir, nicht gekleidet, nicht nackend, nicht geritten, nicht gefahren, nicht in dem Weg, nicht außer dem Weg, und wenn du das kannst, will ich dich heiraten."* In der siebenbürgisch-sächsischen Fassung von Josef Haltrich sind die Bedingungen verschärft, dort heißt es *„nicht gefahren, nicht gegangen, nicht geritten"*. In anderen Varianten des Märchens kommen weitere Aufgaben vor, die ausnahmslos über denselben Weder-noch-Leisten geschlagen sind. Ich ziehe im folgenden noch fünf Varianten in Betracht: die rumänische von Petre Ispirescu, die ungarische von Elek Benedek, eine tschechische, eine russische und eine griechische. Mit den Bedingungen des Königs sind jedesmal sämtliche Möglichkeiten erschöpft — die Aufgabe scheint unlösbar. Nun kommt es darauf an, den König auszutricksen, indem man seine Bedingungen formell erfüllt und zugleich umgeht.

(1) Das Mädchen soll weder bekleidet noch nackt sein. *Bekleidet* ist zwar ein Antonym von *nackt,* aber es hat auch die Bedeutung „mit Kleidern angetan", „in Kleidern stecken". Die Bauerntochter hüllt sich in ein Fischgarn bzw. in einen fadenscheinigen Kornsack.

(2) Es soll weder am Tag noch in der Nacht sein. Die Bauerntochter bricht um zwei Uhr nachts auf und trifft um drei Uhr morgens ein, das ist zwischen Nacht und Tag.

(3) Das Mädchen soll nicht fahren, nicht gehen und nicht reiten bzw. weder zu Fuß noch zu Pferd sein. Die Bauerntochter setzt sich auf einen Ziegenbock, so daß ihre Füße ab und zu den Boden berühren; sie bindet das Fischgarn an den Schwanz eines Esels und läßt sich darin fortschleppen; sie setzt sich auf einen Hasen.

(4) Das Mädchen soll weder auf dem Weg noch neben dem Weg kommen. Der Ziegenbock läuft im Zickzack, mal zu einer Hecke, mal zu einem Bäumchen, je nachdem, wie ihn die grünen Blätter locken.

(5) Wenn die Leute vom Königshof zur Begrüßung heraustreten, sollen sie das Mädchen empfangen und nicht empfangen. Ein Begleiter bringt vier Hasen in einem Sack mit und

läßt diese beim Königshof laufen — alles versammelte Volk rennt den Hasen nach, um sie wieder einzufangen.

(6) Das Mädchen soll etwas bringen, das ein Geschenk ist und kein Geschenk ist. Die Bauerntochter legt zwei Wespen zwischen zwei tiefe Teller, und als der König den einen Teller aufhebt, fliegen diese fort; sie steckt eine Taube zwischen zwei Siebe; sie überreicht dem König eine Taube bzw. eine Wachtel, und als er die Hand ausstreckt, diese zu nehmen, öffnet sie die ihre, da fliegt der Vogel weg.

Damit wurden alle Forderungen erfüllt. Wie das im Märchen so geht, heiratet der König die Bauerntochter (denn eine klügere Frau könnte er doch nicht finden) — allerdings mit der Bedingung, sie dürfe sich nicht in seine Regierungsgeschäfte einmischen.

IV. DIE SCHLÜSSE

Bei der gedanklichen Widerspiegelung der Wirklichkeit sind die Aussagen ein Zwischenprodukt. Der Verstand kombiniert laufend Aussagen aller Art, um zu neuen, für unser Handeln notwendigen Einsichten zu gelangen. Man nennt diese logische Operation **Schließen**. Die Aussagen und das Ergebnis ihrer Verbindung — die Konklusion — stellen Glieder von Gedankenketten, von Überlegungen, von Beweisführungen dar. Aus dem Kontext gerissen, wirken sie oft befremdend.

Ein **Schluß** ist die Ableitung einer Aussage aus anderen Aussagen mit Hilfe von Schlußregeln. Schon ganz kleine Kinder ziehen logische Schlüsse. Wenn ein anderthalbjähriges Kind hört, daß ein rundlicher, wohlschmeckender Gegenstand *Apfel* heißt, ordnet es alle rundlichen Früchte in diese Klasse ein, es bezeichnet eine Birne oder eine Tomate mit *Apfel*. Mit Rücksicht auf seine geringe Erfahrung werten wir diesen Schluß als richtig. In dem Bestreben, Ordnung zu bringen in die Vielfalt der Erscheinungen ihrer Umgebung, stützen sich die Kinder beharrlich auf Ähnlichkeiten. Freilich führt dieses Analogiedenken mitunter zu Irrtümern.

DAS BETT

Vati nahm ein Bett auseinander, um es zur Reparatur zu bringen. Die dreijährige Evamaria wollte wissen: „Vati, was machst du mit dem Bett?"

Er sagte: „Ich bringe es zum Tischler."

Evamaria überlegte einen Moment, dann hielt sie ihren Papa zurück: „Aber Vati, das Bett mußt du doch zum Bettler bringen!"

(Aus der Sammlung „Kindermund"; Bd. 1, S. 85)

PRAKTISCH

Sylvia kaufte mit Mutti Blumen zu Opas Geburtstag. Mutti entschloß sich für bronzefarbene Chrysanthemen. Klein-

Sylvia unterstützte diese Wahl mit der Bemerkung: „Mutti, die weißen schmutzen immer so, gelle?"

(Aus der Sammlung „Kindermund"; Bd. 1, S. 76)

WALGERICHT

Im Biologieunterricht wurde der Wal behandelt. Der Lehrer wollte wissen, was mit dem Fleisch des Wales geschieht. Lars meldete sich: „Das Fleisch des Wals wird gegessen!"
„Gut, aber kannst du mir auch sagen, was man mit den Knochen des Wales macht?"
Lars, ohne zu zögern: „Die legt man auf den Tellerrand!"

(Aus der Sammlung „Kindermund"; Bd. 1, S. 11)

Oft fällt das Denk-Ergebnis anders aus, weil für das Kind andere Dinge wichtig sind; in seiner Überlegung erhalten die Umstände, die man in Betracht ziehen kann, einen anderen Stellenwert. Darauf bezieht sich der folgende Witz.

KEIN PROBLEM

„Dein Aufsatz ist gut", sagt der Lehrer zu Konrad, „aber der Aufsatz von Fritz hat genau denselben Inhalt. Was soll ich daraus schließen?"
Konrad: „Daß der Aufsatz von Fritz auch gut ist!"

Das ausgebildete menschliche Denken bewegt sich fortwährend in Schlüssen. Zum Beispiele: Aus dem Rauchfang steigt Rauch — also ist jemand zu Hause. In einem Zimmer brennt Licht — also ist noch jemand wach. Das Wasser in der Regentonne hat eine Eisdecke — folglich ist die Außentemperatur nachts unter null Grad gefallen.
In der Praxis verknüpft das Denken die Aussagen in zusammengezogener, verkürzter Form miteinander. Oft deutet der sprachliche Ausdruck den Vorgang des Schließens nur an. In der Logik jedoch müssen die Schlüsse in ihrer vollständigen Form betrachtet werden. Zum Beispiel:
Wasser gefriert, wenn die Temperatur unter null Grad fällt.
Das Wasser in der Regentonne hat eine Eisdecke.
Folglich ist die Außentemperatur nachts unter null Grad gefallen.

Gewöhnlich erfolgt das Schließen unbewußt. Die Menschen denken gewöhnlich nicht daran, wie die Aussagen bzw. die Teile der Aussagen heißen, die sie beim Schließen verbinden, wie die Regeln lauten, nach denen die Konklusion richtig ist. Vielleicht haben sie die Bezeichnungen niemals gewußt — das stört sie beim Schließen nicht im geringsten. Doch in unserem Fall liegen die Dinge anders: Wir möchten die verschiedenen Arten von Schlüssen genau betrachten. Dabei werden uns die Fachausdrücke von Nutzen sein.

Hier sei vermerkt, daß man in der Umgangssprache unter *Schluß* nicht bloß die Ableitung einer Aussage aus anderen Aussagen versteht; viel häufiger hat das Wort die Bedeutung „Schlußfolgerung", d. h. „Schlußsatz" oder „Konklusion". In diesem Sinne kommt es in den Redewendungen *einen Schluß ziehen, zu einem Schluß gelangen* vor.

In der traditionellen Logik unterscheidet man seit Aristoteles zwischen unmittelbaren und mittelbaren Schlüssen.

Die **unmittelbaren Schlüsse** sind Folgerungen aus jeweils einer einzigen Aussage.

Die **mittelbaren Schlüsse** sind das Ergebnis der Verbindung von zwei oder mehreren Aussagen.

1. Die unmittelbaren Schlüsse

Zu den unmittelbaren Schlüssen gehören die Konversion, die Kontraposition, die Subalternation und die Opposition. Bei diesen Schlüssen müssen wir uns an folgende **Regel** halten: Subjektbegriff und Prädikatbegriff dürfen in der Konklusion nur dann als allgemeine Begriffe auftreten, wenn sie auch in der Prämisse als allgemeine Begriffe vorkommen. Ihre Ausweitung führt nämlich zu einer Unwahrheit.

Unter **Konversion** versteht man die Umformung einer Aussage in eine andere durch Vertauschung der Stellung des Subjekt- und des Prädikatbegriffs. Zum Beispiel:
(1) Alle Bobfahrer sind Männer.
Einige Männer sind Bobfahrer.
(2) Kein Mann ist Kindergärtner.
Kein Kindergärtner ist ein Mann.
(3) Einige Lehrkräfte sind Männer.
Einige Männer sind Lehrkräfte.

Die Schlüsse der Konversion lauten:
Wenn SaP, so PiS.

Wenn SeP, so PeS.
Wenn SiP, so PiS.
Laut Regel kann eine Aussage SoP keine Konversion haben. Bei partikulär verneinenden Aussagen würde der Subjektbegriff ausgeweitet. Zum Beispiel:
Einige Männer sind keine Rauchfangkehrer.
Einige Rauchfangkehrer sind keine Männer.
Demnach wären einige Rauchfangkehrer Frauen, was jedoch aus der Prämisse effektiv nicht hervorgeht.
Schließlich: Wenn SaP, so PaS (vorausgesetzt, daß S und P den gleichen Umfang haben).

Unter **Kontraposition** versteht man die Umformung einer Aussage in eine andere, in der Subjektbegriff und Prädikatbegriff der ursprünglichen Aussage vertauscht und beide negiert auftreten. Zum Beispiel:
Alle Metalle sind elektrische Leiter.
Was nicht elektrischer Leiter ist, ist auch kein Metall.

ÜBERFÜHRT

Ein Polizeiagent wird beim Prozeß vom Richter gefragt, wie es ihm gelungen sei, den angeklagten Verbrecher zu identifizieren.
„Herr Richter, ich schritt zufällig hinter einer Frau her. Als sie an drei Modegeschäften vorübergegangen war, ohne einen Blick in die Schaufenster zu werfen, wußte ich: Das ist ein Mann."

Wenn eine Aussage eine zweite impliziert, so folgt daraus, daß das Negat der zweiten das der ersten impliziert. Zum Beispiel:
(1) Wenn ein Dreieck gleichseitig ist, so ist es auch gleichschenklig.
Wenn ein Dreieck nicht gleichschenklig ist, so ist es auch nicht gleichseitig.
(2) Wenn eine Geige von Antonio Stradivari stammt, ist sie vor dem Jahr 1737 entstanden.
Wenn eine Geige nach dem Jahr 1737 entstanden ist, dann stammt sie nicht von Antonio Stradivari.
Unter **Subalternation** (auch Unterordnung, Subordination, Subsumtion) versteht man das Verhältnis zwischen Gattungsbegriff und Artbegriff, in unserem Fall zwischen allgemeiner

Aussage und partikulärer Aussage, die beide entweder bejaht oder verneint sein müssen:
Aus SaP folgt SiP.
Aus SeP folgt SoP.
Aus der Wahrheit der allgemeinen Aussage folgt unmittelbar die Wahrheit der partikulären Aussage.
Zu diesem Schlüssen treten folgende:
Wenn nicht SiP, so nicht SaP.
Wenn nicht SoP, so nicht SeP.
Aus der Falschheit der partikulären Aussage folgt unmittelbar die Falschheit der allgemeinen Aussage.

Unter **Opposition** versteht man die Umformung einer Aussage in eine andere — einer bejahenden in eine verneinende, einer verneinenden in eine bejahende —, wobei gleichzeitig das Prädikat durch seine Negation ersetzt wird. Zum Beispiel:
Alle Frauen sind Diplomaten.
Es gilt nicht, daß die Frauen keine Diplomaten sind.
Aus diesem Satz läßt sich durch Subalternation ableiten:
Es gilt nicht, daß einige Frauen keine Diplomaten sind.
Die Schlüsse der Opposition lauten:
Wenn SaP, so nicht SeP.
Wenn SaP, so nicht SoP.
Wenn nicht SaP, so SoP.
Wenn SeP, so nicht SaP.
Wenn SeP, so nicht SiP.
Wenn nicht SeP, so SiP.
Wenn SiP, so nicht SeP.
Wenn nicht SiP, so SeP.
Wenn SoP, so nicht SaP.
Wenn nicht SoP, so SaP.

Aus der Wahrheit der allgemeinen Bejahung (SaP) kann man unmittelbar auf die Falschheit der allgemeinen und partikulären Verneinung (SeP, SoP) schließen. Aus der Falschheit der allgemeinen Bejahung folgt die Wahrheit der partikulären Verneinung, jedoch nicht schlüssig die der allgemeinen Verneinung. Zwei konträre Aussagen (SaP — SeP) können nicht beide wahr sein, jedoch möglicherweise beide falsch sein. Von zwei kontradiktorischen Aussagen (SaP — SoP oder SeP — SiP) ist jewuils eine wahr, die andere falsch.

2. Die Deduktion

Bei der Deduktion wird ein bestimmter Fall der allgemeinen Situation unterordnet. Seit Aristoteles heißen solche Schlüsse, bestehend aus zwei Prämissen und der Konklusion, **Syllogismen**.

Im täglichen Leben verwenden wir den Syllogismus immer wieder. Zum Beispiel:
Wasser fließt von oben nach unten.
Temesch und Bega fließen von Lugoj in Richtung Timișoara.
Demnach liegt Lugoj höher als Timișoara.

Auch in der Wissenschaft spielt der Syllogismus eine große Rolle. Man hat beispielsweise von Felsbildern im zentralen Teil der Sahara, im Tassili-Massiv, darauf geschlossen, daß jenes Gebiet erst von Jäger-, später von Hirtenvölkern bewohnt war:

(1) Alle Zeichnungen sind das Werk von Menschen.
Im Tassili-Massiv in der Sahara gibt es Felszeichnungen.
Also haben im Tassili-Massiv vormals Menschen gelebt.
(2) Die Steinzeitmenschen zeichneten Dinge aus ihrer Umgebung.
Im Tassili-Massiv haben die Steinzeitmenschen Büffel, Antilopen, Flußpferde, Elefanten, Nashörner und Giraffen gezeichnet.
Demzufolge haben im Tassili-Massiv einst Büffel, Antilopen, Flußpferde, Nashörner und Giraffen existiert.
(3) Büffel, Antilopen, Flußpferde, Elefanten, Nashörner und Giraffen sind Tiere der Savanne [1]. Das Flußpferd lebt nur an Flüssen und Sümpfen.
Im Tassili-Massiv haben einst Büffel, Antilopen, Flußpferde, Elefanten, Nashörner und Giraffen existiert.
Folglich war das Tassili-Massiv einst Savanne. Es gab dort auch Flüsse und Sümpfe.

Diese Schlüsse haben sich als durchaus richtig erwiesen: Die Archäologen haben sowohl Knochen von Vertretern der genannten Tierarten als auch die entsprechenden Jagdgeräte und die Siedlungen der Jäger ausgegraben. Schließlich wurden unter dem Sand die ausgetrockneten Flußbette gefunden.

Als Schulbeispiel beim Erläutern der Struktur deduktiver Schlüsse dient der **einfache kategorische Syllogismus**, weil

---

[1] Savanne — mit Bäumen durchsetzte tropische Grassteppe

dieser Typus erstens übersichtlich, zweitens außerordentlich häufig ist. Er gilt als die Grundform des Syllogismus. Er setzt sich nur aus kategorischen Aussagen zusammen, daher sein Name. Der Einfachheit halber wählen wir die bejahende Form.

Der einfache kategorische Syllogismus besteht aus drei Aussagen: aus zwei Prämissen und aus der Konklusion. Die erste Prämisse wird auch **große Prämisse** oder **Obersatz**, die zweite auch **kleine Prämisse** oder **Untersatz** genannt.

Die Begriffe, die in den drei Aussagen vorkommen, heißen **Glieder**. Man unterscheidet den **Oberbegriff** (P), den **Unterbegriff** (S) und den **Mittelbegriff** (M). Abgekürzt schreibt man : S ist P oder S — P bzw. S ist nicht P.

Im Obersatz kommen der Mittelbegriff (M) und der Oberbegriff (P), im Untersatz der Unterbegriff (S) und der Mittelbegriff (M) vor. Zum Beispiel:

Obersatz: Die Metalle sind elektrische Leiter. (M ist P.)

Untersatz: Quecksilber ist ein Metall. (S ist M.)

Konklusion: Quecksilber ist ein elektrischer Leiter. (S ist P.)

Das Subjekt der Konklusion ist hier das Subjekt des Untersatzes, ihr Prädikat ist das Prädikat des Obersatzes. Die Aufgabe des Mittelbegriffs besteht darin, den Obersatz mit dem Untersatz zu verbinden, zwischen ihnen zu vermitteln. Er kommt nur in den Prämissen vor, und zwar in der ersten als Subjekt, in der zweiten als Prädikat, und fehlt in der Konklusion.

Obwohl das logische Verhältnis zwischen den Prämissen nicht von ihrer Reihenfolge abhängt — die allgemeine Aussage hat immer die Funktion des Obersatzes —, geht man in der Logik üblicherweise von der allgemeinen Aussage aus, während es im alltäglichen Leben oft umgekehrt ist. Zwei Beispiele für das alltägliche Denken:

(1) Das Wasser in der Regentonne hat eine Eisdecke.

Wasser gefriert, wenn die Temperatur unter null Grad fällt.

Folglich ist die Außentemperatur nachts unter null Grad gefallen.

(2) Temesch und Bega fließen von Lugoj in Richtung Timișoara.

Wasser fließt von oben nach unten.

Demnach liegt Lugoj höher als Timișoara.

OMAS BRILLE

„Oma, ist es wahr, daß deine Augengläser alle Dinge größer erscheinen lassen?"

„Ja. Warum fragst du?"

„Bitte, wenn du mir wieder ein Stück Kuchen gibst, dann nimm sie vorher ab."

ZITTRIGE HÄNDE

„Entsetzlich, wie Ihre Hände zittern", sagt der Arzt zu einem Patienten. „Sie müssen ja unheimliche Mengen Alkohol vertilgen!"

„Das ist nicht so schlimm", seufzt der Patient. „Das meiste verschütte ich."

DIE VERWANDTSCHAFT

„Angeklagter, Sie haben Ihre Nachbarin als Kuh bezeichnet?"

„Aber keineswegs, Herr Richter! Bloß ihre Tochter habe ich ein Kalb genannt."

Je nach der Stelle, die der Mittelbegriff in den Prämissen einnimmt, unterscheidet man verschiedene Figuren des Syllogismus. Beim einfachen kategorischen Syllogismus sind es vier. Sie werden schematisch folgendermaßen dargestellt:

Obersatz	M — P	P — M	M — P	P — M
Untersatz	S — M	S — M	M — S	M — S
Konklusion	S — S	S — P	S — P	S — P

Erste Figur. Der Mittelbegriff ist im Obersatz Subjekt und im Untersatz Prädikat. Zum Beispiel:

Die außergewöhnlichen Leistungen stellen das Zirkuspublikum zufrieden.

Ein Ritt auf einer dressierten Giraffe ist eine außergewöhnliche Leistung.

Folglich stellt ein Ritt auf einer dressierten Giraffe das Zirkuspublikum zufrieden.

Zweite Figur. Der Mittelbegriff ist in beiden Prämissen Prädikat. In dieser Figur sind eine Prämisse und der Schluß-

satz verneinende Aussagen (siehe auch die vierte Regel des einfachen kategorischen Syllogismus). Zum Beispiel:
Die Metalle sind elektrische Leiter.
Phosphor ist kein elektrischer Leiter.
Demnach ist Phosphor kein Metall.
Dritte Figur. Der Mittelbegriff ist in beiden Prämissen Subjekt. Zum Beispiel:
Die Pinguine sind Vögel.
Die Pinguine leben von Krill und Fisch.
Folglich leben einige Vögel von Krill und Fisch.
Vierte Figur. Der Mittelbegriff ist im Obersatz Prädikat, im Untersatz Subjekt. Zum Beispiel:
Einige Briefträger sind Imker.
Alle Imker sind Mitglieder des Imkerverbands.
Demnach sind einige Mitglieder des Imkerverbands Briefträger.

(Daraus folgt durch Konversion: Einige Briefträger sind Mitglieder des Imkerverbands.)

Wie erwähnt, ordnet man die Aussagen nach den Gesichtspunkten der Quantität und der Qualität in vier Klassen, und zwar in

— allgemein bejahende (alle S sind P), Symbol A oder a;
— allgemein verneinende (kein S ist P), Symbol E oder e;
— partikulär bejahende (einige S sind P), Symbol I oder i;
— partikulär verneinende (einige S sind nicht P), Symbol O oder o.

Kraft dieser vier Möglichkeiten erhöht sich die Vielfalt der Varianten des Syllogismus außerordentlich. Für jede der drei Aussagen — Obersatz, Untersatz und Konklusion — kommen alle vier genannten Möglichkeiten in Betracht. Damit ergeben sich für eine Figur 64 Varianten, für alle vier Figuren insgesamt 256. Sie heißen **Modi.** Doch im Lichte der Regeln des Syllogismus (siehe weiter unten) sind von den 256 Varianten bloß 24 (davon 9 nur bedingt) gültig.

Die Modi des Syllogismus werden durch Formeln dargestellt. Jede setzt sich aus drei Buchstaben zusammen. Wenn alle drei Aussagen allgemein bejahend sind (erster Modus der ersten Figur), verwendet man die Formel AAA oder aaa.

Im Mittelalter haben die Scholastiker[1] für die gültigen Modi Merksätze entwickelt. Diese enthalten Kunstwörter, die keinen Sinn haben außer dem, als Gedächtnisstütze zu dienen. Die Merksätze lauten:

Barbara, Celarent primae, Darii Ferioque.
Cesare, Camestres, Festino, Baroco secundae.
Tertia grande sonans recitat: Darapti, Felapton,
Disamis, Datisi, Bocardo, Ferison, quartes sunt:
Bamalip, Calemes, Dimatis, Fesapo, Fresison.

Im Zweifelsfall vergleicht man mit den Merkwörtern. Anschließend wird die Vorgangsweise mit einem irreführenden Beispiel veranschaulicht.
Die Säugetiere sind Warmblüter.
Die Menschen sind Warmblüter.
Also sind die Menschen Säugetiere.
Weil der Mittelbegriff in beiden Prämissen Prädikat ist, suchen wir das Merkwort bei der zweiten Figur. Wir haben drei allgemein bejahende Aussagen, symbolisch geschrieben AAA. Wir suchen vergebens. Von den Merkwörtern der zweiten Figur — Cesare, Camestres, Festino, Baroco — entspricht keines, d. h. bei diesem Schlußmodus stimmt etwas nicht. Tatsächlich ist die Konklusion nur dank eines Zufalls eine wahre Aussage. Beim obigen Modus kann man auch zu einer falschen Konklusion gelangen. Zum Beispiel:
Die Säugetiere sind Warmblüter.
Die Vögel sind Warmblüter.
Folglich sind die Vögel Säugetiere.
Beim Syllogismus können aus verschiedenen Gründen Fehler auftreten. Deshalb haben die Gelehrten Regeln aufgestellt. Eben weil wir den Syllogismus häufig verwenden, verdienen diese Regeln unsere Aufmerksamkeit.
Vor den Regeln ist eine wesentliche Voraussetzung zu vermerken: Damit die Wahrheit der Konklusion begründet und nicht das Ergebnis einer zufälligen Kombination ist, müssen die Prämissen wahr sein. Betrachten wir den folgenden Schluß:

---

[1] Die Scholastik, eine theologisch-philosophische Lehre, war die herrschende Ideologie der europäischen Feudalgesellschaft. Ihre Wirkung erstreckte sich über einen Zeitraum von 600 Jahren, von etwa 800 bis 1400. Sie kennzeichnete sich durch formalistische Spekulationen und die Mißachtung der praktischen Forschung.

Die Hunde, die bellen, beißen nicht.
Nero bellt.
Also beißt Nero nicht.

Weil der Obersatz keine verbürgte Tatsache darstellt, muß die Konklusion nicht stimmen.

Das nächste Beispiel stammt aus einem Forschungsbericht von Emil Racoviță (*Opere alese;* S. 142—143). Der Gelehrte schildert das Verhalten der Möwe Larus dominicanus, die sich von Muschelfleisch ernährt. Sie schleppt jede Muschel ein bißchen landeinwärts, verzehrt das Fleisch und läßt die Schale liegen. So sind im Laufe von Jahrhunderten ganze Muschelbänke entstanden; sie erwecken den Eindruck, als seien die Muscheln dort auf natürlich Weise verendet. Nun stellen sich die Geologen, die vom Verhalten jener Möwe nichts wissen, beim Anblick der Muschelbänke die Frage: Hat sich das Land gehoben — oder hat sich das Meer zurückgezogen?

Auch in dem Witz, der hier folgt, führt eine falsche Prämisse zu einer falschen Konklusion.

ZU GUT GEWARNT

Ein Tourist wundert sich darüber, daß am Rande des Abgrunds keine Warntafel steht.

„Da war schon eine", bemerkt der Bergführer, „doch weil nie jemand in diesen Abgrund gefallen ist, haben wir sie woanders aufgestellt."

Wir könnten die falsche Prämisse so formulieren: Wo kein Unfall geschieht, gibt es auch keine Gefahr. Die Warntafel hat aber nur die Unfälle verhütet, sie hat die Gefahr nicht beseitigt.

Erste Regel. Ein Syllogismus enthält drei Begriffe — zumindest drei und höchstens drei. Wird ein und derselbe Ausdruck mit zwei verschiedenen Bedeutungen, d. h. zur Bezeichnung von zwei Begriffen gebraucht, dann kommen vier Begriffe vor; folglich kann aus den Prämissen keine gültige Konklusion abgeleitet werden.

Betrachten wir den nachstehenden Schluß.

Die weißen Raben sind Albinos [1].

---

[1] Albino — Mensch oder Tier mit ererbter Unfähigkeit zur **Farbstoffbildung.**

Die fünfzigjährigen Marathonläufer sind weiße Raben.
Also sind die fünfzigjährigen Marathonläufer Albinos.

Hier wird die Wortverbindung *weißer Rabe* einmal im wörtlichen Sinn und dann mit der sprichwörtlichen Bedeutung „Seltenheit", „Ausnahme" verwendet.

Zur ersten Regel des Syllogismus paßt der Witz mit dem letzten Wagen.

DURCH DEN TUNNEL

„Wieso dauert heute die Fahrt durch den Tunnel so lange?"
„Ist doch logisch — wir sitzen im letzten Wagen."

Sehen wir uns diesen Witz näher an. Wir rekonstruieren den Syllogismus, bei dem der Witzheld einen Fehler macht. Alle Teile des Eisenbahnzugs hängen zusammen und bewegen sich gleich schnell durch den Tunnel. (Es wird stillschweigend vorausgesetzt, daß die Geschwindigkeit sich nicht ändert von dem Augenblick an, in dem die Lok in den Tunnel einfährt, bis zu dem Augenblick, in dem der letzte Wagen den Tunnel verläßt.) Da der letzte Wagen ein Teil des Zugs ist, braucht er für die Durchfahrt ebensoviel Zeit wie die anderen. Als Syllogismus formuliert:

Jeder Teil des Zugs passiert den Tunnel in zwei Minuten.
Der letzte Wagen ist ein Teil des Zugs.
Folglich passiert der letzte Wagen den Tunnel in zwei Minuten.

Der Fehler kommt durch das Wort *letzter* zustande, das eine andersgeartete Situation suggeriert, nämlich das Warten vor einem Schalter, vor einer Waage, vor einer Kasse usw. Dort wird man individuell abgefertigt — je länger die Schlange, um so länger dauert es, bis der Letzte drankommt. Der Witzheld hätte nur dann recht, wenn jeder Wagen den Tunnel einzeln passierte.

Es gibt aber noch eine Möglichkeit. Der Witzheld betrachtet den Augenblick, in dem die Lok den Tunnel erreicht, als den Moment des Einfahrens schlechthin, unterscheidet jedoch beim Verlassen des Tunnels zwei Momente: a) wenn die Lok und b) wenn der letzte Wagen den Tunnel verläßt.

Zweite Regel. Die Begriffe sollen in der Konklusion denselben Umfang haben wie in den Prämissen. Eine Verletzung dieser Regel besteht in der unbegründeten Erweiterung des Oberbegriffs oder des Unterbegriffs. Dazu folgendes Beispiel:

Wer in einem Faradayschen Käfig [1] sitzt, ist vor Blitzschlägen sicher.
Jeder Pkw mit Metall-Karosserie ist ein Faradayscher Käfig.
Wer in einem Pkw mit Metall-Karosserie sitzt, ist vor Blitzschlägen sicher.

Es wäre falsch, in der Konklusion vereinfachend zu sagen, „wer in einem Pkw sitzt, ist vor Blitzschlägen sicher", weil es auch Pkw-Karosserien aus Holz und aus Kunststoff gibt. Es wäre desgleichen falsch, verallgemeinernd zu sagen, „ist vor Stromschlägen sicher", denn Blitzschläge sind Stromschläge von außerhalb — und der Faradaysche Käfig schützt nur gegen Stromschläge von außerhalb.

„GUTEN TAG!"

Sebastian geht mit seiner Mutter einkaufen. Dabei begegnen sie Sebastians Lehrer. Der Lehrer grüßt, Frau Petersen grüßt. Sebastian schaut in die Luft.

„Warum grüßt du deinen Lehrer nicht?" will die Mutter gleich darauf wissen.

„Was denn, jetzt in den Ferien?"

Aus diesem Witz schälen wir folgenden Syllogismus heraus:
In den Ferien findet kein Unterricht statt.
Jetzt sind Ferien.
Also findet jetzt kein Unterricht statt.

Sebastian hat den Begriff „Unterricht" auf sämtliche Beziehungen zwischen Lehrer und Schüler ausgedehnt, auch auf jene der Höflichkeit.

VORSICHTIG

Im Zirkus ruft der Dompteur der Löwengruppe nach einem Zuschauer, der sich in den Käfig wagt. Er bietet hundert Francs.

„Ich mach's", ruft Erwin, „aber lassen sie vorher die Löwen raus!"

[1] Faradayscher Käfig — im Prinzip ein Käfig aus Metallstäben.

„Wurden Sie schon einmal bestraft?" fragt der Richter den Angeklagten.

„Ja."

„Weshalb?"

„Wegen Badens an verbotener Stelle."

„Wann war das?"

„Vor fünfzehn Jahren."

„Und seither?"

„Seither habe ich nicht mehr gebadet."

Dritte Regel. Der Mittelbegriff soll zumindest in einer Prämisse ein allgemeiner Begriff sein. Betrachten wir den folgenden Schluß:

Viele einheimische Vogelarten sind Zugvögel.

Die Rauchschwalben sind eine einheimische Vogelart.

Die Rauchschwalben sind Zugvögel.

Im Falle unseres Beispiels entspricht die Konklusion den Tatsachen, das muß jedoch nicht immer so sein, weil der Mittelbegriff in keiner Prämisse ein allgemeiner Begriff und weil der Obersatz eine partikuläre Aussage ist. Rebhuhn, Jagdfasan, Schleiereule, Grünspecht, Kohlmeise, Zaunkönig und Amsel sind wohl einheimisch, aber Standvögel (sie verbleiben das ganze Jahr über in der Nähe des Nistplatzes); andere Arten sind einheimisch, aber Strichvögel (unter dem Einfluß der Witterung oder auf der Suche nach Nahrung streifen sie in weiten Umkreis um ihren Nistplatz).

Vierte Regel. Wenn der Mittelbegriff in beiden Prämissen Prädikat ist, muß eine Prämisse negativ sein. Nachstehend ein Schluß, der gegen diese Regel verstößt:

Die Vögel fliegen.

Die Schmetterlinge fliegen.

Folglich sind die Schmetterlinge Vögel.

Wie erwähnt, entspricht dieser Schluß einer erkenntnisgeschichtlichen Tatsache: Die Schmetterlinge und andere fliegende Insekten wurden früher als Vögel klassifiziert. Und nun der korrekte Schluß:

Die Vögel sind Wirbeltiere.

Die Schmetterling haben keine Knochen.

Demnach sind die Schmetterlinge keine Vögel.

Noch ein Beispiel für denselben Fehler:
Die Fische leben im Wasser.
Die Wale leben im Wasser.
Folglich sind die Wale Fische.

Korrekt dagegen ist:

Die Fische atmen durch Kiemen.
Die Wale atmen nicht durch Kiemen.
Die Wale sind keine Fische.

Fünfte Regel. Ist eine der Prämissen eine partikuläre Aussage, so ist auch die Konklusion eine partikuläre Aussage. Zum Beispiel:
Die Zaubermärchen enthalten Erinnerungen an die Urgemeinschaft.
Einige Grimmsche Märchen sind Zaubermärchen.
Folglich enthalten einige Grimmsche Märchen Erinnerungen an die Urgemeinschaft.

Sechste Regel. Aus zwei partikulären Aussagen darf kein Schluß gezogen werden. Da jeder Syllogismus die Ableitung eines Einzelnen aus einer allgemeinen Aussage darstellt, muß eine der Prämissen eine allgemeine Aussage sein. Betrachten wir folgendes Beispiel:
Einige Pilzarten sind giftig.
Familie Meier hat ein Pilzgericht verspeist.
Konklusion: ?

Wären alle Pilzarten giftig (allgemeine Aussage im Obersatz), hätte sich Familie Meier zumindest den Magen verdorben. Hätte Familie Meier von allen Pilzarten gekostet, die es gibt (allgemeine Aussage im Untersatz), wäre die Sache tragisch ausgegangen.

Auch der nachstehende Schluß enthält potentiell einen Fehler.
Graphit ist ein elektrischer Leiter.
Graphit ist ein Nichtmetall.
Also ist ein Nichtmetall ein elektrischer Leiter.

Diesmal sind beide Prämissen singuläre Aussagen, und die Konklusion führt leicht irre. Damit sie stichhaltig sei, müssen wir sie folgendermaßen formulieren: Unter den elektrischen Leitern gibt es auch (zumindest) ein Nichtmetall.

Wer die Regel beherzigen will, tut gut daran, im Obersatz nicht einfach von „Metallen", „Vögeln", „Zeichnungen",

„Pkw" usw. zu sprechen, weil das zu Mißverständnissen führen könnte; er muß sagen: „die Metalle", „die Vögel", „alle Zeichnungen", „jeder Pkw" usw. Der Plural des bestimmten Artikels zeigt, daß der Begriff in seinem vollen Umfang gemeint ist — dadurch wird die Aussage allgemein.

Siebente Regel. Aus zwei bejahenden Prämissen darf nur eine bejahende Konklusion abgeleitet werden. Eine verneinende Konklusion würde einen Gegensatz zum Ausdruck bringen, was bei zwei bejahenden Prämissen unmöglich ist.

Achte Regel. Ist eine von den Prämissen eine verneinende Aussage, so ist auch die Konklusion eine verneinende Aussage. (Die Konklusion ist nur dann verneinend, wenn eine der Prämissen verneinend ist.) Zum Beispiel:

Die rücksichtsvollen Autofahrer gewähren den Fußgängern Vortritt.

Ewald hält nie vor dem Zebrastreifen. (Mit anderen Worten: Ewald gewährt den Fußgängern keinen Vortritt.)

Ewald ist kein rücksichtvoller Autofahrer.

Neunte Regel. Aus zwei verneinenden Prämissen darf keinerlei Konklusion gezogen werden. Betrachten wir beispielsweise diese Prämissen:

Die bösen Menschen haben keine Lieder.

Heinrich pflegt nicht zu singen.

Wir dürfen aus den obigen Aussagen nicht den Schluß ziehen, daß Heinrich ein böser Mensch ist. Sowohl die erste als auch die zweite Prämisse bringen einen Gegensatz zum Ausdruck, mit anderen Worten: M ist von S und P getrennt und kann über die Art der Beziehung zwischen S und P nichts aussagen. Damit bieten die Prämissen keinen zureichenden Grund für eine Konklusion.

Zum Unterschied vom kategorischen ist beim **disjunktiven Syllogismus** mindestens eine Prämisse (und dann der Obersatz) eine disjunktive Aussage. Man unterscheidet zwei Varianten.

Bei der **ersten Variante** wird von den im Obersatz genannten möglichen Fällen einer nach dem anderen ausgeschlossen, weil sie den Tatsachen widersprechen, bis ein einziger übrigbleibt:

S ist entweder P1 oder P2 oder P3.

S ist weder P1 noch P3.

Infolgedessen ist S — P2.

Dieses Verfahren wenden die Ärzte an, wenn die Symptome nicht sofort zu einer eindeutigen Diagnose führen. Auch die Kriminalbeamten halten sich an dieses Verfahren, wenn für ein Verbrechen mehrere Personen als Täter in Frage kommen.

Ein Beispiel für die Grundlagenforschung ist das Experiment, mit dem Lazzaro Spallanzani (1729—1799) die Fortpflanzung der Mikroben durch Teilung bewiesen hat, indem er jeweils eine Mikrobe isolierte. Man könnte das Resultat seines Experiments folgendermaßen zusammenfassen:

Die Mikroben pflanzen sich auf geschlechtlichem Wege oder durch Teilung fort.

Obwohl die Fortpflanzung durch Paarung ausgeschlossen wurde, findet eine Vermehrung statt.

Also pflanzen sich die Mikroben durch Teilung fort.

Das nächste Beispiel stammt aus dem Werk „Der Ursprung der Familie, des Privateigentums und des Staates" von Friedrich Engels (Marx, Engels, *Werke*; Bd. 21, S. 134). Es geht darum, ob bei den Germanen, über die Tacitus berichtet, das war Ende des ersten Jahrhunderts unserer Zeitrechnung, die Feldarbeit von freien Männern oder von Sklaven verrichtet worden ist.

Im Hause scheint die Herrschaft der Frau unbestritten; sie, die Alten und die Kinder haben freilich auch alle Arbeit zu besorgen, der Mann jagt, trinkt und faulenzt. So sagt Tacitus; da er aber nicht sagt, wer den Acker bestellt, und bestimmt erklärt, die Sklaven leisteten nur Abgaben, aber keine Frondienste, so wird die Masse der erwachsenen Männer doch wohl die wenige Arbeit haben tun müssen, die der Landbau erforderte.

Nachstehend ein Beispiel aus einer Kriminalgeschichte, und zwar aus der Erzählung „Abbey Grange" von Arthur Conan Doyle (*Die Wiederkehr von Sherlock Holmes*; Bd. III, S. 381—382).

Ein reicher Mann ist mit einem Schürhaken erschlagen worden. Seine Frau spricht von drei Banditen, die anschließend das Silber aus der Anrichte genommen und aus drei Gläsern Wein getrunken haben sollen; die drei Gläser stehen noch auf dem Tisch. Diese drei Gläser ziehen die Aufmerksamkeit des Detektivs auf sich. In allen ist noch die Farbe des Weins, und in einem hat sich etwas Weinstein abgesetzt. Er spricht mit seinem Freund Watson darüber.

„*Uns wurde erzählt, drei Männer hätten aus ihnen getrunken. Kommt Ihnen das wahrscheinlich vor?*"

„*Warum nicht? In jedem Glas ist Wein gewesen.*"

„Das schon, aber Weinstein fand sich nur in einem der Gläser. Das muß Ihnen doch aufgefallen sein. Was schließen Sie daraus?"

„Das Glas, das als letztes gefüllt wurde, hat wahrscheinlich am ehesten den Weinstein abgekriegt."

„Nein, nein. Die Flasche war voller Weinstein, und es ist unvorstellbar, daß die ersten beiden Gläser klar geblieben sein sollen und sich im dritten eine ziemlich dichte Schicht abgesetzt hat. Es gibt hierfür zwei Möglichkeiten, und nur diese. Die eine ist, daß die Flasche, nachdem das zweite Glas gefüllt war, heftig geschüttelt wurde und auf die Weise das dritte Glas soviel Weinstein abbekommen hat. Aber das klingt nicht wahrscheinlich. Nein, ich bin sicher, daß ich richtig vermute."

„Was nehmen Sie an?"

„Daß nur aus zwei Gläsern getrunken worden ist und daß man die Neigen aus ihnen in ein drittes Glas geschüttet hat, um den falschen Eindruck zu erwecken, drei Leute seien dagewesen. Auf diese Weise wäre der Weinstein ganz in das dritte Glas geraten, stimmt's? Ja, ich bin davon überzeugt, daß es so war. Wenn ich aber damit die richtige Erklärung für diese Kleinigkeit gefunden habe, dann erhebt sich der Fall sofort aus der Sphäre des Alltäglichen in den Bereich des äußerst Bemerkenswerten, denn es würde bedeuten, daß Lady Brackenstall und ihre Zofe uns vorsätzlich angelogen haben und man kein Wort ihrer Geschichte glauben kann, daß sie aus einem sehr gewichtigen Grund das wirkliche Verbrechen verdecken wollen und wir also den Fall ohne die geringste Hilfe von ihrer Seite selber rekonstruieren müssen. Das ist die Aufgabe, die jetzt vor uns liegt, und da, Watson, kommt auch schon der Zug nach Chislehurst."

OHNE ZÜNDSCHLÜSSEL

„Stellen Sie sich vor", sagt der Fahrlehrer zu Gustav, „Sie bemerken nach einer einstündigen Fahrt, daß Ihnen der Zündschlüssel gestohlen wurde. Was machen Sie dann?"

„Ich halte an, steige aus und sehe nach, wer mich die ganze Zeit geschoben hat."

OBERSCHLAU

Der Kriminalkommissar ist stinksauer. „Wie konntet ihr den Kerl nur entkommen lassen! Ich hatte doch angeordnet, alle Ausgänge zu überwachen!"
„Haben wir auch", erklären seine Leute. „Er muß durch den Eingang entwischt sein."

QUANTITÄT UND QUALITÄT

Der Professor doziert: „Wir haben also eben gelernt, daß das männliche Gehirn schwerer ist als das weibliche. Was schließen wir daraus?"
Eine Studentin meldet sich: „Daß es nicht auf die Quantität ankommt, Herr Professor."

Die Schlußfolgerung der Studentin bringt noch nicht die Pointe. Sie stellt bloß eine Prämisse für den disjunktiven Schluß dar, mit dem wir den Gedankengang fortsetzen:
Beim menschlichen Hirn kommt es auf die Quantität oder auf die Qualität an.
Auf die Quantität kommt es nicht an.
Folglich kommt es auf die Qualität an.

WIEDER EIN ENKEL

Fragt der Tasi den Franzi: „Na, wieder ein Enkel?"
„Ja!"
„Ein Bub?"
„Nein."
„Ein Mäderl."
„Erraten."

DAS PROBLEM DER FÜNF HÜTE

Bei einer Karnevalsveranstaltung trugen fünf Männer gleichgeformte Zylinderhütchen, die durch einen Gummifaden auf dem Kopf festgehalten wurden. Zwei der Hütchen waren rot, drei blau; von den Männern war nur einer blau, die andern konnten noch scharf denken, wie sich bald zeigte. Man nahm ihnen die Hütchen ab, verband drei der Männer die Augen, setzte jedem einen der Miniaturzylinder auf, versteckte die beiden übrigbleibenden, nahm den Männern die Binden von den Augen und forderte sie auf, sich zu überlegen, was für ein Hütchen sie jetzt trügen. Jeder konnte nur die beiden Zylinder der andern sehen, nicht seinen eigenen.

a) A, der bei B einen roten, bei C aber einen blauen bemerkte, sagte nach kurzer Überlegung: „Ich trage ein blaues Hütchen!" Das war richtig. Wie konnte A das wissen?

Man sammelte die fünf Hütchen wieder ein, mischte sie durcheinander, verband abermals den drei Männern die Augen, setzte jedem einen der kleinen Zylinder auf, nahm ihnen die Binden wieder ab und ließ sie von neuem raten.

b) A, der diesmal zwei blaue Hütchen bei seinen Partnern sah, bemerkte nach etwas längerer Überlegung: „Ich trage wieder ein blaues!" Durch welche Schlußfolgerung war er zu dem richtigen Ergebnis gekommen?

Auflösung:

a) A hatte sich gesagt: Wenn ich einen roten Zylinder trüge, würde C zwei rote sehen, und da es insgesamt nur zwei rote gibt, müßte er sofort schließen und sagen, daß er einen blauen habe. Da er aber nichts äußert, kann ich keinen roten besitzen, sondern muß einen blauen tragen.

b) A hatte so geschlossen: Wenn ich ein rotes Hütchen trüge, würden B und C ein rotes und ein blaues sehen. Sie müßten dann durch die gleichen Erwägungen, die ich beim ersten Versuch anstellte, schließen, daß sie ein blaues besitzen. Da aber keiner etwas äußert, kann ich keinen roten Zylinder tragen, sondern nur einen blauen.

WAS DIE LIEBE FRÜHER VERMOCHTE

Der Haremspalast des Sultans war von einem prächtigen Garten umgeben. Jeder fremde Mann, den man hier ertappte, wurde hingerichtet. Mit hämischer Bosheit ließ der Sultan den Eindringling selbst die Todesart bestimmen: er mußte irgendeinen Satz aussprechen. War der Inhalt des Satzes richtig, so wurde der Mann geköpft; war er falsch, so wurde er gehängt. Hunderte büßten so ihren Vorwitz mit dem Tode.

Da kam eines Tages der Prinz von Coschützolien, der in heißer Liebe zu der schönen Tochter des Sultans entbrannt war, in den Garten. Auch er wurde ergriffen und vor den grausamen Herrscher geschleppt. Die Prinzessin, die dem jungen Mann gewogen war, flehte um sein Leben, doch der Sultan fuhr den Jüngling an: „Tu deinen Ausspruch!"

Und wieder einmal zeigte es sich, daß wahre Liebe alles vermag, sogar Denkaufgaben zu lösen. Der Jüngling fand einen Satz, der ihm das Leben rettete! Der Sultan bewunderte die Klugheit des Prinzen und gab ihm nun gern seine Tochter zur Gattin. Welchen Ausspruch hatte der Jüngling getan?
Auflösung:
Der Jüngling hatte gesagt: „Ich werde gehängt!" Nun konnte man ihn nicht hängen, weil ja dann der Satz nicht falsch gewesen wäre; man konnte ihn aber auch nicht köpfen, weil dann ja sein Ausspruch falsch gewesen wäre.

Unter den Voraussetzungen unserer Anekdote gründet sich der Entscheid des Sultans auf einen disjunktiven Schluß. Nachdem die ursprüngliche Alternative — hängen oder köpfen lassen — als unlösbar entfällt, schenkt er dem Jüngling das Leben, weil für dessen Vergehen keine andere Todesart vorgesehen ist.

Bei der **zweiten Variante des disjunktiven Syllogismus** werden aufgrund des Untersatzes die übrigen Möglichkeiten ausgeschlossen:
S ist entweder P1 oder P2 oder P3.
S ist P1.
Also ist S weder P2 noch P3.

Beim disjunktiven Syllogismus ist auf zwei Regeln zu achten.

Erste Regel. Der Obersatz soll alle möglichen Fälle in Betracht ziehen — sonst kann die Konklusion nicht überzeugen.

Zweite Regel. Die Prädikate des Obersatzes sollen einander gegenseitig ausschließen.

Wir sprechen von einem **hypothetischen Syllogismus,** wenn mindestens eine Prämisse (und dann der Obersatz) eine hypothetische Aussage ist. Diese hypothetische Aussage stellt die Bedingung (oder die Bedingungen) fest, unter welcher (oder welchen) ein Prädikat zu einem gegebenen Subjekt gehört.

Man unterscheidet zwei Formen des hypothetischen Syllogismus: den bejahenden und den verneinenden Modus.

Beim **bejahenden Modus** (lateinisch: modus ponens) folgt aus der Verbindung einer hypothetischen und einer kategorischen bejahenden Prämisse eine bejahende Aussage:
Wenn S — P ist, so ist S1 — P1.
S ist P.
Also ist S1 — P1.

Bei dieser Form wird die Bedingung durch den Untersatz bestätigt. Zum Beispiel:

(1) Wenn die Sauerstoffzufuhr unterbrochen wird, erlischt das Feuer.
Die Sauerstoffzufuhr ist unterbrochen worden.
Folglich erlischt das Feuer.

(2) Wenn die Geschwindigkeit einer Rakete 11 200 Meter pro Sekunde überschreitet, überwindet diese die Erdanziehungskraft.
Die Geschwindigkeit der Rakete Abc-7 erreicht 13 000 Meter pro Sekunde.
Folglich überwindet Abc-7 die Erdanziehungskraft. Die Rakete wird das Schwerefeld der Erde verlassen.

(3) Wenn der Wasserhahn aufgedreht bleibt, läuft das Wasser über den Wannenrand.
Siggi hat vergessen, den Wasserhahn zu schließen.
Infolgedessen wird das Wasser über den Wannenrand laufen.

(4) Wenn jemand hinter zwei Hasen herläuft, dann fängt er keinen.
Marianne läuft hinter zwei Hasen her.
Marianne wird keinen von den zwei Hasen fangen.

Ein beliebter Scherz, mit dem man die Kinder foppt, lehnt an den bejahenden Modus an. Er weicht von dessen Struktur ab, indem die Bedingung nicht bejaht, sondern verneint wird. Deshalb bleibt das Eintreten der Folge von den Prämissen her eigentlich ungewiß. Der Obersatz lautet: Wenn du einem Vogel Salz auf den Schwanz streust, kannst du ihn fangen. Nun versucht das Kind den Trick mit dem Salz, aber vergebens. Wir ergänzen:

Du streust dem Vogel kein Salz auf den Schwanz [denn er fliegt vorher weg].
Demnach kannst du... den Vogel nicht fangen.

Falls jemand es fertigbringt, so nahe an einen Vogel heranzukommen, daß er ihm Salz auf den Schwanz streuen könnte, fängt er ihn auch ohne Salz. Die Streubewegung würde den Vogel sicher verscheuchen.

Dieselbe Struktur weist ein Scherz auf, der sich auf Denkmäler bezieht, hier auf das bekannte Denkmal des Honterus im Hof der Schwarzen Kirche:

Wenn Honterus die Uhr zwölf schlagen hört, nimmt er die Mütze ab.
(Er hört die Uhr nicht schlagen [weil er von Stein ist].

Folglich nimmt er... die Mütze nicht ab.)
Die nachstehenden Witze enthalten je einen hypothetischen Syllogismus im bejahenden Modus.

HÖFLICHKEIT IST EINE ZIER

Am Sonntag geht Rolf mit seinen Eltern spazieren. Sie begegnen einem Ehepaar mit einem Hund. Rolf grüßt höflich. Seine Eltern schließen sich an. Das Ehepaar grüßt zurück.
„Wer war das?" fragt Rolfs Mutter etwas später.
„Keine Ahnung", erklärt der Junge. „Ich kenne bloß den Hund."

DIE BEFÜRCHTUNG

Vater und Sohn hocken in einem Kahn und angeln. Nach und nach heben sie folgende Gegenstände ans Licht: eine Kaffeemühle, einen alten Schuh, einen Schirm und einen beschädigten Topf.
Auf einmal zieht der Junge seine Angel ein und bittet: „Vati, gehen wir fort von hier. Ich glaube, dort unten wohnt jemand."

EINE GUTE PARTIE

„Zwei Tage vor der Hochzeit höre ich, daß meine Zukünftige 500 Lei monatlich für die Schneiderin ausgibt."
„Und was hast du da gemacht?"
„Ich habe die Schneiderin geheiratet."

BERÜHMTE LEUTE

Ein Gabrovoer wurde verspottet, weil man über seine Landsleute so viele Anekdoten erzählt.
„Das stimmt. Anekdoten erzählt man aber nur über berühmte Leute."

SEIN EHRGEIZ

Zwei Sonntagsjäger treffen sich im Wild- und Geflügelladen. Beide wählen ihre „Jagdbeute" aus.
„Warum, mein Bester, kaufen Sie extra kleine Hasen, doch nicht aus Sparsamkeit?"

„Wo denken Sie hin, ich will meine Frau überzeugen, daß ich ein besonders guter Schütze bin."

DREI ZÜGE

Ein Grundstückmakler zeigt einem Interessenten ein Haus. Als sie eintreten, donnert ganz in der Nähe ein Zug vorbei. Der Mann horcht auf und fragt: „Ist auf der Strecke viel Verkehr?" „Keine Sorge", beruhigt ihn der Makler, „nur zwei, drei Züge am Tag, mehr nicht."

Einige Minuten darauf kommt der nächste Zug angebraust. Der Makler verbirgt seine Verlegenheit hinter einem mühsamen Lächeln. Als wenig später ein langer Güterzug vorüberrumpelt, so daß man geraume Zeit sein eigenes Wort nicht versteht, wendet sich der Interessent mit der Bemerkung zum Gehen: „Ein Glück — wenigstens kommen alle auf einmal."

DAS LECK

Auf die Kommandobrücke eines Ozeanliners stürzt ein Matrose und schreit: „Käpt'n, ich glaub', wir haben ein Leck!" „Wie kommst du drauf?"
„Im Swimmingpool ist ein Hai!"

DIE ZWEI HAARSCHNEIDER

In einer Kleinstadt gibt es nur zwei Frisierstuben für Herren, beide mit Ein-Mann-Betrieb. Ein Handelsreisender guckt in beide hinein. In der einen behagt ihm die Ordnung nicht, auch ist der Besitzer schlecht frisiert. In der anderen ist alles einladend sauber, und der Haarschnitt des Besitzers ist vorzüglich. Da besinnt sich der Handelsreisende, der auch gut frisiert sein möchte, und begibt sich zur erstbesichtigten Stube.

Schließlich eine Rechenaufgabe; sie hat die Form eines Syllogismus mit zwei hypothetischen Aussagen als Prämissen.

EIN GASTRONOMISCHES RÄTSEL

Stellt der Koch auf jeden Tisch
eine Portion leckren Fisch,

so fehlt einer Portion Fisch ein Tisch.
Stellt der Koch auf jeden Tisch zwei Portionen Fisch, so bleibt ein Tisch ohne Fisch. Wieviel Tische? Wieviel Fische?

Auflösung:
Es sein x Fische und y Tische. Dann gilt: $y+1=x$
$$2(y-1)=x$$
Daraus folgt durch Gleichsetzungsverfahren
$y+1=2(y-1)$, und damit $y=3$ und $x=4$.
Es waren 4 Fische und 3 Tische.

Beim **verneinenden Modus des hypothetischen Syllogismus** (lateinisch: modus tollens) folgt aus der Verbindung einer hypothetischen und einer kategorischen verneinenden Prämisse eine verneinende Aussage:
Wenn S — P ist, so ist S1 — P1.
S1 ist nicht P1.
Also ist S nicht P.
Bei dieser Form wird die Folge durch den Untersatz verneint. Zum Beispiel:
(1) Wenn die Bewohner einer Ortschaft Hühner gehalten haben, sind im Müll Hühnerknochen zu finden.

Im Hügel von Hissarlik, auf dem sich vormals die Burg von Troja erhob, fanden die Archäologen Überreste von Ziegen, Rindern, Schafen, Schweinen, Hunden, Fischen, Wildvögeln und Muscheln, aber keine Knochen von Hühnern und Katzen.

Somit haben die Untertanen des Priamos keine Hühner gehalten.

(2) Wenn ein Kraftwagen heftig gebremst wurde, sind Bremsspuren zu sehen.

Am Unfallort finden sich keinerlei Bremsspuren.

Das heißt, keiner von den zwei beteiligten Kraftwagen wurde heftig gebremst.

(3) Wenn 45 Minuten Spielzeit vergangen sind, pfeift der Schiedsrichter das Spiel ab.

Der Schiedsrichter hat das Spiel nicht abgepfiffen.

Demzufolge sind die 45 Minuten noch nicht um.

WIDERLEGT

Nachtwächter zum Bürgermeister: „Heut' hab' ich im Friedhof ein Licht brennen sehen!"
„Geh weiter, warst halt betrunken!"
„Dann hätt' ich ja zwei gesehen!"

BEIM ZWIEBELSCHNEIDEN

„Stimmt es, daß der neue Koch schon wieder entlassen ist?"
„Ja, der Mann war angeblich nicht ganz normal."
„Was hat er denn getan?"
„Ach, der hat beim Zwiebelschneiden immer gelacht..."

Zuletzt ein weitverbreitetes Rätsel, das die Brüder Grimm in ihre Märchensammlung aufgenommen haben *(Kinder- und Hausmärchen* Nr. 160). Dem Helden wird eine Aufgabe gestellt, die durch einen hypothetischen Syllogismus im verneinenden Modus zu lösen ist.

RÄTSELMÄRCHEN

Drei Frauen waren verwandelt in Blumen, die auf dem Felde standen, doch deren eine durfte des Nachts in ihrem Hause sein. Da sprach sie auf eine Zeit zu ihrem Mann, als sich der Tag nahete und sie wiederum zu ihren Gespielen auf das Feld gehen und eine Blume werden mußte: „So du heute vormittag kommst und mich abbrichst, werde ich erlöst und fürder bei dir bleiben"; als dann auch geschah. Nun ist die Frage, wie sie ihr Mann erkannt habe, so die Blumen ganz gleich und ohne Unterschied waren? Antwort: „Dieweil sie die Nacht in ihrem Haus und nicht auf dem Feld war, fiel der Tau nicht auf sie, als auf die andern zwei, dabei sie der Mann erkannte."

Hier die Antwort als Syllogismus formuliert:
Wenn die Blume auf dem Felde war, als der Tau fiel, ist auf sie Tau gefallen.
Auf die mittlere Blume ist kein Tau gefallen.
Also befand sich die mittlere Blume, als der Tau fiel, nicht auf dem Felde.

Oft wird der Syllogismus nicht in der vollständigen Form gebraucht. Wir sprechen dann eine der Aussagen nicht aus, wir denken sie nur hinzu. Diese Form heißt **verkürzter Syllogismus**. Jedwelche von den drei Aussagen, deren Verknüpfung den Syllogismus bildet — Obersatz, Untersatz oder Konklusion —, kann im sprachlichen Ausdruck wegbleiben. Zum Beispiel:

(1) „Grün — los!" Der Obersatz fehlt. Die drei Aussagen könnten, zu grammatisch vollständigen Sätzen ergänzt, folgendermaßen lauten:
Wenn die Ampel auf Grün steht, darf man die Fahrbahn überqueren.
Die Ampel steht auf Grün.
Also darf man die Fahrbahn überqueren.

(2) „Gehen wir heute spazieren?" „Nein, es regnet." Der Obersatz fehlt. Der vollständige Schluß würde lauten:
Wenn es regnet, gehen wir nicht spazieren.
Heute regnet es.
Folglich gehen wir nicht spazieren.

(3) „Laß den Fernseher — den darf nur ein Fachmann öffnen!" Der Untersatz fehlt. Wir ergänzen folgendermaßen:
Wenn jemand Fachmann ist, darf er den Fernseher öffnen.
Du bist kein Fachmann.
Demnach darfst du den Fernseher nicht öffnen.

(4) „Wer als letzter den Klubsaal verläßt, muß das Licht abdrehen, und gestern warst du der Letzte!" Die Konklusion fehlt. Sie könnte wie folgt lauten: Also mußtest du das Licht abdrehen.

Etliche Sprichwörter sind, auf eine konkrete Situation bezogen, nichts anderes als verkürzte Syllogismen. Zum Beispiel:

(1) „Wenn der Apfel reif ist, fällt er vom Baum."
[Der Apfel ist nicht vom Baum gefallen.
Das heißt, er ist noch nicht reif.]

(2) „Wenn zwei sich streiten, freut sich der Dritte."
[Ihr zwei habt euch gestritten.
Also hat sich N. N. gefreut.]

(3) „Wem nicht zu raten ist, dem ist nicht zu helfen."
[Paula nimmt keinen Rat an.
Wir können Paula nicht helfen.]

(4) „Wenn man den Bogen zu stark spannt, dann bricht er."
[Du spannst den Bogen zu stark.
Folglich wird er brechen.]

(5) „Wer viel fragt, kriegt viele Antworten."
[Ich werde viele Personen fragen.

Demnach werde ich verschiedene Antworten kriegen.]

Wie man sieht, ist die Verkürzung in all diesen Fällen noch weiter fortgeschritten. Es wird nur der Obersatz ausgesprochen — der Untersatz und die Konklusion werden suggeriert. Jeder kann selbst leicht weitere Beispiele finden.

Oft wird die Konklusion eines Syllogismus als Prämisse für einen neuen Schluß verwendet, und die neue Konklusion dient ihrerseits als Ausgangspunkt für andere Überlegungen. Man nennt eine solche Verknüpfung von mehr als zwei Syllogismen **Kettenschluß**. In den Erläuterungen technischer und ökonomischer Vorgänge, in mathematischen Beweisen, in wissenschaftlichen Hypothesen kommen Kettenschlüsse vor. Als Beispiel einen banalen Zusammenhang, der uns in folgender Kurzfassung gewärtig ist: Mit leerem Benzintank kann der Kraftwagen nicht fahren. Hinter dieser Kurzfassung stecken mehrere miteinander verbundene Syllogismen:

(1) Wenn der Benzintank des Kraftwagens leer ist, kann kein Benzin in den Hubraum eingespritzt werden.
Der Benzintank des Kraftwagens ist leer.
Folglich kann kein Benzin in den Hubraum eingespritzt werden.
(2) Wenn kein Benzin in den Hubraum eingespritzt wird, entsteht kein explosives Gasgemisch. (...)
(3) Wenn kein explosives Gasgemisch vorhanden ist, löst die Zündkerze keine Explosion aus. (...)
(4) Wenn im Hubraum keine Explosion stattfindet, wird der Kolben nicht in Bewegung gesetzt. (...)
(5) Wenn der Kolben nicht in Bewegung gesetzt wird, kommt keine Drehung der Räder zustande. (...)
(6) Wenn keine Drehung der Räder zustandekommt, rührt sich der Kraftwagen nicht vom Fleck.
Es kommt keine Drehung der Räder zustande.
Demnach rührt sich der Kraftwagen nicht vom Fleck.

Wir alle kennen vom Kindergarten her ein lustiges Gedicht, das eine Art Parodie auf den Kettenschluß ist. Es handelt vom Jockel, der ausgeschickt wurde, um den Hafer zu schneiden, und sich trotz der zahlreichen nachgeschickten Mahner nicht wieder blicken läßt. Bei Unterhaltungen dient das Gedicht dazu, die Konzentrationsfähigkeit und Zungenfertigkeit eines der Anwesenden zu prüfen, der den Text schnell in der richtigen Reihenfolge aufsagen muß. Nachstehend die zwei umfangreichsten Strophen — die vorletzte und die letzte —, die das Geschehen zusammenfassen:

NIEMAND KOMMT NACH HAUS'

(...)
Da schickt der Herr den Metzger aus,
er soll den Ochsen schlachten.
Der Metzger schlacht't den Ochsen nicht,
Der Ochse säuft das Wasser nicht,
das Wasser löscht das Feuer nicht,
das Feuer brennt den Prügel nicht,
der Prügel schlägt den Pudel nicht,
der Pudel beißt den Jockel nicht,
der Jockel schneid't den Hafer nicht
und kommt auch nicht nach Haus'.

Da geht der Herr nun selbst hinaus
und macht der Sach' ein End'.
Der Metzger schlacht't den Ochsen schnell,
der Ochse säuft das Wasser schnell,
das Wasser löscht das Feuer schnell,
das Feuer brennt den Prügel schnell,
der Prügel schlägt den Pudel schnell,
der Pudel beißt den Jockel schnell,
der Jockel schneid't den Hafer schnell
und kommt dann auch nach Haus'.

Volksgut

Die letzte Strophe enthält den Kettenschluß — in verkürzter Form. Wir ergänzen anschließend ein Glied zu einem vollständigen Syllogismus:
Wenn der Metzger den Ochsen schlachtet, säuft der Ochse das Wasser.
Der Metzger schlachtet den Ochsen.
Also säuft der Ochse das Wasser.
Natürlich ist dieser Schluß absurd, und die drei, die ihm folgen, sind es auch. Vier absurde Schlüsse hintereinander bezeugen, daß die Mitspieler sich der Abweichung von der Realität voll bewußt sind. Sie stellen eine Form der sogenannten Umkehrungsverse dar, die Kornej Tschukowski als „offenes Spiel mit Absurditäten" bezeichnet hat *(Kinder von 2 bis 5;* S. 151).
Zufällig setzen sich beide Beispiele ausschließlich aus hypothetischen Syllogismen zusammen. Deshalb ist hier die Bemerkung fällig, daß es auch Kettenschlüsse aus anderen Schlußformen gibt.

Im Alltag verkürzen wir die Syllogismen und ziehen die Konklusionen der Schlüsse zusammen, ohne besonders darauf zu achten. So ist es auch beim nachstehenden Witz.

FERSENGELD

„Herr Zeuge, wie weit waren Sie vom Tatort entfernt, als der erste Schuß abgefeuert wurde?"
„Ungefähr fünf bis sechs Schritte."
„Und beim zweiten?"
„Ah, da war ich schon einen Kilometer weiter..."

Die Pointe beruht auf zwei kategorischen Syllogismen:
(1) Wo geschossen wird, ist große Gefahr.
Dort wurde geschossen.
Also war dort große Gefahr.
(2) Von einer Gefahrenstelle soll man sich schleunig entfernen.
Dort war eine Gefahrenstelle.
Darum habe ich mich schleunig entfernt.

Beim nächsten Witz beruht die Pointe sogar auf drei Syllogismen — auf zwei kategorischen und einem disjunktiven.

EIN LANGSCHLÄFER

In der Ausstellung fragt ein Besucher: „Was soll dieses Bild darstellen: einen Sonnenaufgang oder einen Sonnenuntergang?"
„Sicher einen Sonnenuntergang."
„Woher wissen Sie das?"
„Ich kenne den Maler, der steht nie vor Mittag auf."

Die Schlüsse, die zur Pointe führen, könnten so lauten:
(1) Wer bis Mittag schläft, erlebt keinen Sonnenaufgang.
Der Maler schläft bis Mittag.
Also erlebt der Maler keinen Sonnenaufgang.
(2) Wer keinen Sonnenaufgang erlebt, kann keinen malen. (...)
(3) Das Bild stellt entweder einen Sonnenaufgang oder einen Sonnenuntergang dar.
Ein Sonnenaufgang ist es nicht.

Demnach ist es ein Sonnenuntergang.

Sooft jemand zwischen zwei Möglichkeiten zu wählen hat, die zum selben Resultat führen, spricht man von einem Dilemma. Denken wir an einen Wanderer, der sich für einen von zwei etwa gleich beschwerlichen Wegen entscheiden muß. Genauso — Dilemma — heißt die entsprechende Schlußfigur. Ihr Aufbau ist etwas komplizierter als der eines einfachen Syllogismus. Das **Dilemma** umfaßt gewöhnlich drei Prämissen, nämlich: zwei hypothetische Prämissen mit derselben Folge und eine disjunktive Prämisse, die die Bedingungen der zwei anderen verbindet:

Wenn $S — P$ ist, so ist $S1 — P1$.
Wenn $S — P2$ ist, so ist $S1 — P1$.
S ist entweder P oder $P2$.
Also ist $S1 — P1$.

Als knifflige Denkaufgabe kommt das Dilemma seit dem Altertum in Anekdoten vor. Zu diesen gehört auch die Geschichte vom **Krokodil**.

EIN ZWEIDEUTIGER VERTRAG

Das Krokodil hatte ein Kind geraubt und wurde von dessen Mutter um seine Rückgabe angefleht. Zuletzt erklärte sich das Krokodil bereit, die Bitte zu erfüllen, wenn die Mutter errät, was es — das Krokodil — mit dem Kind tun werde.

„Du wirst mir das Kind nicht zurückgeben!" antwortete die Mutter nach einiger Überlegung.

„Somit hast du das Kind verspielt!" sagte das Krokodil. „Denn hättest du richtig geraten, würdest du das Kind nach deiner eigenen Aussage nicht zurückerhalten; hättest du falsch geraten, wäre es aufgrund unserer Abmachung verloren."

Die Mutter gab sich damit nicht zufrieden und verlangte auf jeden Fall ihr Kind zurück: a) wenn sie richtig geraten habe, aufgrund des Vertrags; b) wenn sie falsch geraten habe, aufgrund der Entschließung ihres Vertragspartners.

Die Mutter hat die einzig richtige Antwort gegeben, denn hätte sie gesagt: „Du wirst mir mein Kind zurückgeben!" wäre sie im Weigerungsfall aller weiteren Argumente verlustig gegangen, und der Streit hätte schon ein Ende gehabt. Übrigens ist der Vertrag zweideutig. Das Krokodil kann nach einigem Hin und Her immer Recht behalten, weil nicht vorher zu dritten treuen Händen die Absicht des Krokodils festgelegt wurde. Zu schlichten ist der Streit überhaupt nicht, denn was die Mutter auch ratet, das Krokodil kann es immer für falsch erklären (Sperling, *Denkspiele für kluge Köpfe;* S. 119, S. 202).

Auch die folgende Anekdote enthält ein Dilemma.

EIN MEISTER VERLIERT

Der griechische Philosoph Protagoras unterwies einen Athener in der Rechtskunde und machte mit ihm ab, daß die zweite Hälfte des Lohns dafür erst zu entrichten sei, wenn dieser vor Gericht seinen ersten Erfolg verzeichnet — also seinen ersten Rechtsfall gewonnen hat. Der Schüler entzog sich nachher seiner Zahlungspflicht, indem er nach Beendigung des Unterrichts keine Rechtspraxis betrieb, folglich auch keinen Rechtsfall vor Gericht gewinnen konnte.

Protagoras drohte dem Schüler mit einer Klage und begründete seine Absicht folgendermaßen: Ganz gleich, zu welchem Schluß das Gericht kommt, der Schüler muß zahlen. Einmal aufgrund des richterlichen Spruchs, wenn er — Protagoras — im Recht ist, das anderemal, wenn er im Unrecht sein sollte — weil dann der Schüller seinen ersten Rechtsstreit gewonnen hat, was laut Vertrag zur Zahlung verpflichtet.

Es kam jedoch zu keiner Klage, denn der gelehrige Schüler wies die Unmöglichkeit nach, eine solche zu gewinnen. Der Schüler kam mit folgendem Argument: Sind die Richter für mich, dann brauche ich nicht zu zahlen; sind sie gegen mich, dann brauche ich laut Vertrag nicht zu zahlen, denn ich habe damit den ersten Rechtsstreit verloren. So oder so — Protagoras blieb im Unrecht.

Wir stellen folgendes fest: Die Kontrahenten hatten nicht ausgemacht, ob der Vertrag für jedwelchen Prozeß gilt, unabhängig davon, in welcher Eigenschaft der Schüler an ihm teilnimmt — als Anwalt oder als Angeklagter. Sonst müßte der Schüler zahlen.

DER SCHUFT

Menedemos wurde von Alexinos, den er schon öfter getadelt hatte, auf das wärmste gelobt.

„Alexinos muß tatsächlich ein Schuft sein", bemerkte Menedemos, dem dies zu Ohren gekommen war. „Entweder, weil er einen schlechten Menschen lobt, oder aber, weil er von einem rechtschaffenen getadelt wird."

HEIRATEN

Ein Freund fragte Sokrates: „Was rätst du mir? Soll ich heiraten?"

„Oh, teurer Freund! Es ist ganz gleich, was du tust. Ob du heiratest oder ledig bleibst, nach zehn Jahren wird es dich reuen!"

WIE ROSEMARIE PLANT

Rosemarie zieht ein Los. „Wenn ich gewinne", sagt sie zu ihrem Mann, „kaufe ich mir einen Pelzmantel."

„Und wenn du nicht gewinnst?"

„Dann kaufst du ihn mir."

EIN KLUGER VORSCHLAG

Vater Leutwirt schlägt mit der Faust auf den Tisch: „Soll denn meine Meinung überhaupt nichts mehr gelten?"

Da schmiegt sich Frau Leutwirt an ihren Gatten: „Ich mache dir einen Vorschlag zur Güte, mein Lieber. Wenn wir beide einer Meinung sind, gilt die deine, und wenn wir unterschiedlicher Meinung sind, gilt die meine."

IN VERLEGENHEIT

„Michael, warum bist du so niedergeschlagen?"

„Meine Liebe, die Geschäfte stehen schlecht. Wir müssen uns einschränken."

„Gut", stimmt seine Frau zu, „aber wie soll ich das machen? Weniger leihen oder weniger zurückgeben?"

3. Die Induktion

Bei der Induktion geht das Denken von Einzelfällen aus und verallgemeinert — es zieht aus singulären Prämissen einen universalen Schluß. Wenn z. B. sechs Schüler der Reihe nach fließend und sicher antworten, nimmt der Lehrer an, daß die meisten Schüler den Lehrstoff beherrschen. Wenn umgekehrt sechs Schüler hintereinander stockend und falsch antworten, muß er damit rechnen, daß der Großteil der Schüler die Erklärungen nicht richtig verstanden hat.

Durch induktive Schlüsse gelangt unser Denken von Einzeldingen zu Begriffen und von Einzeltatsachen zu Gesetzmäßigkeiten.

Man unterscheidet zwischen vollständiger und unvollständiger Induktion.

Bei der **vollständigen Induktion** sind alle Einzeltatsachen bekannt; indem wir diese in einem Schlußsatz zusammenfassen, gewinnen wir keine neue Erkenntnis. Bei der **unvollständigen Induktion** kennen wir nur einen Teil der Elemente einer Klasse, halten es aber für begründet, von diesen ausgehend einen allgemeinen Schluß zu ziehen, der auf sämtliche Elemente der Klasse zutrifft.

Das Schema der unvollständigen Induktion sieht so aus:
Zu S1, S2, S3, S4 ... gehört P.
Folglich gehört zu S5, S6, S7 ... Sn, d. h. zu allen S — P.

Ein häufig angewandtes Verfahren ist die **Induktion durch einfache Aufzählung**. Freilich wird die Gültigkeit der Konklusion schon durch einen einzigen widersprechenden Fall außer Kraft gesetzt. Alle Logik-Lehrbücher veranschaulichen die Möglichkeit des Irrtums durch ein Beispiel, das auf den Gelehrten John Stuart Mill (1806—1873) zurückgeht: die Farbe der Schwäne. Jahrhundertelang hatte man geglaubt, daß sämtliche Schwäne weiß sind. Das blieb bis zur Erkundung Australiens so, denn dort fanden die Reisenden Schwäne mit schwarzem Gefieder.

Die althergebrachten Wetterregeln sind das Ergebnis von Induktionsschlüssen durch einfache Aufzählung. Nachdem Generationen von Bauern beobachtet hatten, daß auf einen warmen Herbst ein langer Winter folgt, faßte man diese Erfahrung in einen Spruch: Warmer Herbst — langer Winter. Der Spruch bringt die Vermutung zum Ausdruck, daß es auch künftig so sein werde. Hier noch einige Beispiele:

Friert im November früh das Wasser,
dann wird der Januar um so nasser.

Soll das Frühjahr lachen,
muß der Jänner krachen.

Viel Nordwind im Mai
bringt Trockenheit herbei.

Mai kühl und naß
füllt Scheuer und Faß.

Weil das Wetter von zahlreichen Faktoren abhängt, die der Laie nicht übersehen kann, und weil es zyklischen Schwankungen unterliegt, für deren Beobachtung ein Menschenleben nicht ausreicht, sind solche Bauernregeln nicht hundertprozentig sicher. Trotzdem haben sie sich oft bewährt, und deshalb erben sie sich von Generation zu Generation weiter fort.

Damit ein induktiver Schluß stichhaltig sei, darf er keine Oberflächenerscheinung zum Gegenstand haben (wie es die Farbe der Federn einer Vogelart ist), sondern muß sich auf wesentliche Eigenschaften beziehen. Betrachten wir folgenden Fall.

Wir spazieren am ersten Urlaubstag durch die Umgebung eines Kurbads und kommen nach und nach an einem Dutzend Brombeersträuchern vorbei, die sämtlich abgeerntet sind — die reifen Beeren wurden abgepflückt, nur die halbreifen und die grünen sind geblieben. Aus dieser Beobachtung können wir schließen, daß in der Nähe des Kurbads wahrscheinlich keine reifen Beeren zu finden sind. (Immerhin besteht die Aussicht, in größerer Entfernung, abseits vom Wege, auf Sträucher mit reifen Früchten zu stoßen.) Wenn wir dagegen feststellen, daß die Sträucher unberührt und die Beeren ausnahmslos grün sind, können wir die Suche gleich einstellen. Im zweiten Fall dürfen wir unserer Sache — daß weiteres Suchen vergeblich ist — schon nach drei oder vier Sträuchern sicher sein, weil der Reifezustand eine Eigenschaft ist, die auf einer Fläche mit demselben Mikroklima für die ganze Art zutrifft.

Ein Beispiel für Induktion in der Wissenschaft ist die Art und Weise, wie Archimedes zu der Erkenntnis gelangte, wann ein Körper schwimmt und wann nicht. Er legte verschieden große Stücke Stein, Holz und Metall in ein mit Wasser gefülltes Gefäß und verglich ihr Gewicht mit dem der Wassermenge, die über den Rand floß. Archimedes gelangte zu dem Schluß, daß ein [fester] Körper schwimmt, wenn sein Gewicht gleich oder kleiner ist als das der verdrängten Flüssigkeit. Der Gelehrte hat eine notwendigerweise begrenzte Anzahl von Fällen untersucht und ein allgemeines Gesetz formuliert.

Ein anderes Beispiel sind die Schlußfolgerungen von Dimitrij Iwanowitsch Mendelejew, nachdem es ihm gelungen war, die chemischen Elemente in ein System zu bringen (1869). Er hatte sie nach dem Atomgewicht in Reihen und Gruppen geordnet. Doch in seinem System gab es Lücken wie in einem nicht vollständig gelösten Kreuzworträtsel, weil damals noch nicht alle Elemente bekannt waren. Mendelejew schloß von den Eigenschaften der sich kreuzenden Reihen und Gruppen auf die fehlenden Glieder und sagte die Atomgewichte sowie andere Eigenschaften von weiteren Elementen voraus. Seine Vorhersagen wurden später durch die Entdeckung des Galliums, des Skandiums und des Germaniums vollkommen bestätigt.

Ein drittes Beispiel ist die Annahme, daß es in Afrika noch im Altertum riesig große Tiere von der Gestalt einer Hyäne gegeben hat, die selbst für Elefanten gefährlich waren. Überreste einer solchen Tierart wurden bisher nicht gefunden. Die Annahme stützt sich auf Wandmalereien in alten ägyptischen Grabstätten.

Das entscheidende Argument ist der Realismus der altägyptischen Künstler. In den Grabstätten gibt es nämlich Fresken, auf denen erstaunlich genau viele in Ägypten vorkommende Tierarten wiedergegeben sind. Deshalb erregte ein kleiner Fisch, der immer mit dem Bauch nach oben dargestellt ist, die Verwunderung der Archäologen. Später entdeckten die Naturwissenschaftler im Nil eine Fischart, die mit dem Bauch nach oben schwimmt und genau jenem Bild in den Grabstätten entspricht. Damit ist die Wirklichkeitstreue der altägyptischen Künstler in auffälliger Weise bestätigt worden. Daher die Vermutung, daß jenes Ungeheuer, das entfernt an eine Hyäne erinnert, im Altertum noch existierte. Ausgehend von dieser Vermutung gestaltete Iwan Jefremow in dem Roman „Das Land aus dem Meeresschaum" ein Abenteuer mit so einer Bestie.

Wir haben bei der Deduktion einen Schluß mit Zeichnungen gehabt, nämlich diesen Syllogismus:

Die Steinzeitmenschen zeichneten Dinge aus ihrer Umgebung.

Im Tassili-Massiv haben die Steinzeitmenschen Büffel, Antilopen, Flußpferde, Elefanten, Nashörner und Giraffen gezeichnet.

Demzufolge haben im Tassili-Massiv einst Büffel, Antilopen, Flußpferde, Elefanten, Nashörner und Giraffen existiert.

Jetzt haben wir ein Beispiel mit Malereien bei der Induktion. Warum glauben wir in dem einen Fall den Urhebern der Zeichnungen unbedingt und warum halten wir uns in dem anderen Fall zurück? Zwischen den Prämissen besteht ein quantitativer Unterschied: dort eine universale, hier eine partikuläre Aussage *(viele Tierarten Ägyptens)*. Außerdem handelt es sich im ersten Fall um die Jagdtiere der Steinzeitmenschen — um eine Anzahl von bekannten Arten, die in ihrer Gesamtheit für die Savanne charakteristisch sind. Die Frage betrifft nicht die Existenz einer Art schlechthin, sondern den Ort ihres Auftretens. Im zweiten Fall handelt es sich um eine unbekannte Tierart, die unverhältnismäßig groß erscheint — andere Anhaltspunkte sind nicht gegeben. Deshalb halten wir es nur für wahrscheinlich, daß eine solche Art existierte.

Die Grundform der fehlerhaften Induktion ist die übereilte Verallgemeinerung. Je geringer die Zahl der beobachteten Elemente im Vergleich zu ihrer Gesamtzahl, um so größer die Wahrscheinlichkeit eines Irrtums. Denken wir an die sogenannte Katastrophentheorie von Georges Cuvier, die in der Geschichte der Naturwissenschaften eine Rolle spielte. Cuvier hatte die geologischen Schichten des Pariser Beckens untersucht und dabei entdeckt, daß darin Fossilien von Land- und Meeresfaunen jeweils übereinanderliegen. Für ihn war das Beweis genug, daß dort einst ungeheure Überschwemmungen stattgefunden haben. In unzulässiger Weise übertrug er die Interpretation dieser regionalen Phänomene auf die gesamte Erdgeschichte. Laut Cuvier sind in ferner Vergangenheit bei sintflutartigen Katastrophen ganze Stämme von Landlebewesen ausgestorben.

Hier ist der sogenannte erste Eindruck zu erwähnen, der sich oft genug als trügerisch erweist. Marco Polos Buch über die Millionenstädte und Reichtümer des Fernen Ostens, entstanden 1299, stieß auf allgemeinen Unglauben. Man hielt den Verfasser für einen begabten Aufschneider. Später wurden die meisten seiner Angaben als exakt bestätigt. Den Stillen Ozean hat Magellan um seiner Windstille so getauft: Mehr als hundert Tage, vom 28. November 1520 bis zum 17. März 1521, segelten die drei Schiffe von der Magellan-Straße bis zu den Philippinen, ohne in einen der später so gefürchteten Orkane zu geraten.

Vor übereilten Schlußfolgerungen warnt das Sprichwort *Eine Schwalbe macht noch keinen Sommer* (genauso auch in rumänischer und in ungarischer Sprache). Auf ungerechtfertigte Verallgemeinerungen beziehen sich das rumänische Sprichwort *Wer sich mit der Suppe verbrüht hat, bläst auch in die saure Milch* und das ungarische Sprichwort *Ein Mensch, der erschrocken ist, fürchtet sich auch vor dem eigenen Schatten.*

Freilich müssen wir die letztgenannten Sprichwörter vervollständigen. Wer sich mit der Suppe verbrüht hat, bläst nachher nicht allein auf diese Suppe, was zweifellos nötig ist, sondern auch auf andere Speisen — sogar auf die saure Milch, die bestimmt kalt ist. Solche Verallgemeinerungen infolge eines Schrecks sind instinktive Reaktionen im Interesse der Gesundheit und des Überlebens. Die Logik überwindet den Instinkt. Mark Twain hat einmal den Unterschied veranschaulicht, als er schrieb, daß die Katze, die sich an einem heißen Ofen verbrannt hat, sich auf keinen heißen Ofen mehr setzen wird — sie wird sich aber auch auf keinen kalten Ofen mehr setzen.

Ein bewährtes Mittel gegen schwere Irrtümer bei der unvollständigen Induktion ist die Stichprobe. Wenn man aus Zeitmangel oder aus einem anderen Grund nicht alle Elemente einer Menge prüfen kann, nimmt man nicht die nächstliegenden fünf, zehn, fünfzig oder hundert, sondern wählt die zu prüfenden Elemente so aus, daß sie sich auf den ganzen Posten verteilen. Freilich ergibt die Stichprobe kein genaues Bild.

800 PORTIONEN

Gefreiter König ist Furier [1]. Jeden Morgen und jeden Abend muß er die Portionen abzählen, immer 800. So zählt er wieder einmal: „...690, 691, 692..." Plötzlich bricht er ab und murmelt vor sich hin: „Ach, wenn das so weit stimmt, dann stimmt das andere auch."

Wenn der Furier überprüfen wollte, ob alle Schalen richtig gefüllt sind oder ob bei jedem Teller drei Scheiben Brot liegen, könnte er sich mit Stichproben behelfen. Doch die Kontrolle, die Gefreiter König vornimmt, ist durch Induktion nicht zu lösen, sondern n u r durch Zählen.

---

[1] Furier — der für die Verpflegung und für die Unterkunft sorgende Unteroffizier.

Irrtümer kommen auch dann zustande, wenn man aus dem zeitlichen Nacheinander von zwei Erscheinungen auf einen kausalen Zusammenhang zwischen diesen Erscheinungen schließt. Beispiele dafür sind die Zurückführung von Kriegen und Seuchen auf das Auftauchen von Kometen sowie die Furcht vor dem Freitag und vor der Zahl Dreizehn.

AM FREITAG

„Herr Doktor, bringt es Unglück, wenn man an einem Freitag heiratet?"
„Selbstverständlich! Warum sollte der Freitag eine Ausnahme machen?"

Es gibt mehrere Sonderformen der Induktion.
Eine solche Sonderform liegt vor, **wenn von einem Teil einer Klasse von Elementen auf ein weiteres, einzelnes Element dieser Klasse geschlossen wird.** So ein Schluß liegt dem Handeln von Kapitän Ahab, einer Gestalt des Romans „Moby Dick" von Herman Melville, zugrunde. Der Kapitän weiß, daß die Walherden bei ihren von der Jahreszeit abhängigen Wanderungen bestimmten Routen folgen. Er nimmt an, daß der weiße Wal, auf den er es abgesehen hat, vom selben geregelten Wandertrieb beherrscht wird, und lauert ihm auf.

Davon handelt das vierundvierzigste Kapitel, dem die folgenden Zeilen entnommen sind (Bd. I; S. 313—314):

Für jeden, der mit den Wegen des Leviathans nicht völlig vertraut ist, mag es ein sinnlos verzweifeltes Bemühen scheinen, in den grenzenlosen Ozeanen unseres Planeten ein einzelnes Geschöpf zu suchen. Doch nicht so erschien das Ahab, der den Lauf aller Strömungen und Gezeiten kannte; und indem er berechnete, wohin die Nahrung des Pottwals getrieben wurde, und sich vergegenwärtigte, daß man den Wal in bestimmten Breiten zu längst ermittelten regelmäßigen Zeiten jagt, konnte er zu begründeten Vermutungen, ja fast zur Gewißheit darüber gelangen, wann es an der Zeit sei, auf der Jagd nach seiner Beute auf diesem oder jenem Walgrund zu erscheinen.

Wie in der Tat erwiesen ist, kehrt der Pottwal in so regelmäßigen Zeitabständen immer wieder in bestimmte Gewässer zurück, daß manche Waljäger glauben, wenn er gründlich beobachtet und sein Weg durch die ganze Welt verfolgt werden könnte und wenn man die Logbücher aller Walfang-

flotten für ein und dieselbe Reise sorgfältig miteinander verglich, dann würden die Wanderwege des Pottwals sich als ebenso unveränderlich erweisen wie die der Heringsschwärme oder wie die Zugstraßen der Schwalben. Diesem Hinweis folgend hat man versucht, genaue Karten für die Wanderungen des Pottwals zu entwerfen.

In einer Fußnote vermerkt der Verfasser: *Nachdem das Obige niedergeschrieben war, wurde diese Mitteilung zu meiner Freude durch ein amtliches Rundschreiben bestätigt, das Leutnant Maury vom National Observatory zu Washington am 16. April 1851 ausgehen ließ. Hiernach sind die Arbeiten an einer solchen Karte beinahe abgeschlossen; Teile der Karte werden in dem Rundschreiben bereits veröffentlicht. (...)*

Eine weitere Sonderform der Induktion liegt vor, **wenn von einem Teil einer Klasse auf einen anderen Teil dieser Klasse geschlossen wird.** Auch dafür literarische Beispiele.

Das erste stammt aus dem Roman „Huckleberry Finns Abenteuer" von Mark Twain (achtes Kapitel).

Jetzt kamen ein paar junge Vögel daher, sie flogen immer einige Meter weit und ließen sich dann nieder. Sagt Jim, das sei ein Zeichen von Regen, wenigstens bei jungen Hühnern sei es eines, dann werd's wohl auch so bei anderen jungen Vögeln sein. (...)

Das zweite Beispiel stammt aus dem Roman „Der Zug der Rentiere" von Allen Roy Evans *(Schatzkästchen der Weltliteratur; S. 258—259).* Die Handlung spielt in Alaska. Im Auftrag der Regierung der Vereinigten Staaten soll der Lappe Jon mit einer kleinen Gruppe von Männern und Frauen dreitausend zahme Rentiere von der Buckland-Bay in Alaska über eine Strecke von dreitausend Kilometern in das Hungergebiet östlich des Mackenzie bringen, damit die Eskimos von Viehzucht leben können. Die beschwerliche Wanderung beginnt 1929 und dauert fünf Jahre. Eines Tages nähern sich Wölfe der Herde. Jon läßt die Hirten zu seinem Zelt rufen. Er erklärt ihnen, daß ein sehr heftiger Angriff gegen die Wölfe unternommen werden muß, die an menschliche Feinde, die mit der Geschwindigkeit des Windes dahingleiten, nicht gewöhnt sind. Wenn man es auch nicht erreichen könne, daß die Wölfe die Herde ganz aufgeben, werde ihr Angriff vielleicht verzögert — werde feiger, vorsichtiger und weniger verheerend.

Die Männer gründen ihren Kampfplan auf die Erfahrungen mit den europäischen Wölfen ihrer Heimat, obwohl es sich um kanadische **Wölfe** handelt. Das **Verhalten** der Angreifer bestätigt, daß ihre Überlegung richtig ist.

Am ersten Tag war nichts zu hören, und man sah keine Spur. Nachts drangen die gespenstischen Rufe, die Akla vernommen hatte, zu der Wache bei der Herde. Die Richtung dieser Schreie hatte sich geändert, sie erklangen jetzt nicht im Süden, sondern im Westen. Die Wölfe führten in weiter Ferne noch immer Manöver durch. Am zweiten Tag warteten die Männer hinter Schneewällen. Wenn die Wölfe dieses fremden Landes denselben Bräuchen folgten wie die Wölfe Lapplands, mußten sie in kurzer Zeit erscheinen.

Als Mikel in der Ferne einen schwarzen Punkt sah, schien ihm dieser Punkt unbeweglich. Mikel schaute lange Zeit und konnte ihn dann nicht mehr sehen. Er fragte sich schon, ob er es sich vielleicht eingebildet habe. Doch da kam der Punkt näher, und wieder wartete Mikel. Dann gab er Akla ein Zeichen; jetzt konnte man keinen Zweifel mehr hegen — was er dort sah, bewegte sich. Akla gab das Zeichen an Tapik weiter, der es ebenfalls weitergab, bis alle hinter der Schneemauer wußten, daß die Wölfe kamen.

Mit welcher Geduld sie herankamen! Mit welcher instinktiver Vorsicht! Über den ebenen Schnee bewegte sich der dunkle Fleck, machte halt und bewegte sich von neuem. Manchmal entschwand das Rudel in einer leichten Bodensenkung dem Blick der Männer, doch stieg es bald ins Gesichtsfeld und setzte seinen Weg mit unermüdlicher Ausdauer fort. Jon und Per und Akla wußten aus ihrer langen Erfahrung fast ganz genau, wie die Wölfe jetzt vorgehen würden. Sie wußten, daß die Wölfe haltmachten und sich zu einer hastigen Beratung zu versammeln schienen und daß sie dann einen Plan machten, sich auf einen Plan einigten. Die Menschen beobachteten diese sonderbaren Beratungen während des Vormarsches der Wölfe.

Nach der letzten „Besprechung" verstreute sich das Rudel. Die andere Abteilung wartete, um einen neuen Führer zu wählen. Unter seiner Anleitung zogen sie nach Süden ab, als ob ihnen das Tun der anderen ganz gleichgültig wäre. Aber die Männer wußten, daß dieses zweite Rudel die Aufgabe erhalten hatte, einen großen Umweg zu machen. Nach einiger Zeit mußte es an der gegenüberliegenden Seite der Rentierherde auftauchen. Mit entsetzlichem Geheul würde es dann die Tiere anfallen und sie wild den im Hinterhalt lauernden Mördern zutreiben. Wie oft hatten die alten Männer aus Lappland diesen uralten Feldzugsplan gesehen! Die Rentiere machten nie den Versuch, ihrem Erbfeind Widerstand zu leisten. Immer waren sie gleichermaßen entsetzt, immer liefen sie gleich blindlings dem wartenden Rudel in die Zähne. Ihrem unbeständigen Denken schien Erfahrung nur wenig zu bedeuten.

Jetzt kamen die Wölfe des ersten Rudels langsam heran und machten dabei oft gänzlich halt. Sie hatten noch viel Zeit, bis die anderen ihren großen Halbkreis hinter sich gebracht hatten. Die Männer griffen nach den Keulen und warteten auf das Zeichen, das Jon geben sollte. Wie sehr verlangte es sie, gegen die grausamen Meuchelmörder loszuschlagen!

IM SMOKING

Ein kleines Mädchen sah zu, wie seine Eltern sich für eine Party ankleideten. Als der Vater in den Smoking schlüpfte, warnte das Mädchen: „Vati, diesen Anzug solltest du nicht tragen!"

„Warum nicht, Kindchen?"

„Du weißt doch: Immer wenn du ihn anhast, bekommst du am nächsten Morgen Kopfschmerzen."

GUTE BILANZ

Otto flüstert seiner Angebeteten ins Ohr: „Küssen soll ungesund sein. Was hältst du davon?"

„Ich weiß nicht", stottert das Mädchen, „ich habe nie... ich bin nie..."

„Nie geküßt worden, willst du sagen?"

„Nein, nie krank geworden."

STREICHHÖLZER

Ein Pessimist ist ein Mensch, der sein letztes Streichholz wegwirft, wenn alle anderen versagt haben.

DAS SAUERKRAUT

„Das verstehe ich nicht", sagt die junge Frau zu ihrem Mann. „Am Montag hat dir mein Sauerkraut geschmeckt, am Dienstag hat es dir geschmeckt, am Mittwoch mochtest du es, am Donnerstag auch. Und heute, am Freitag, kannst du es plötzlich nicht ausstehen!"

HUNDERTPROZENTIG

Ein Mitarbeiter des Wetterdienstes wurde gehänselt: „Können Sie wenigstens einmal eine Vorhersage machen, die hundertprozentig eintrifft?"

„Kann ich. Gegen Abend ist mit zunehmender Dunkelheit zu rechnen."

DER SPÄTAUFSTEHER

Der Schriftsteller Franz Molnár war ein Spätaufsteher. Eines Tages mußte er um acht Uhr früh als Zeuge vor Gericht erscheinen. Es wurde dafür gesorgt, daß ihn Freunde weckten und begleiteten, damit er den Termin nicht versäume. Als Molnár um halb acht Uhr vor das Haus trat und die belebten Straßen sah, rief er fassungslos aus: „Lauter Zeugen...?"

4. Der Analogieschluß

Wenn zwei Erscheinungen (nämlich Stoffe, Zustände, Arten, Beziehungen oder Vorgänge) einander ähnlich sind, dürfen wir von einer bekannten Eigenschaft der einen Erscheinung auf eine entsprechende Eigenschaft der anderen Erscheinung schließen. Man nennt dieses Verfahren **Analogieschluß**. Ein klassisches Beispiel ist die Vermutung, daß es auf dem Mars Leben gibt.

Auch für den Analogieschluß wurden mehrere Regeln aufgestellt.

Erste Regel. Die Gemeinsamkeiten der zwei Erscheinungen sollen sich auf wesentliche Eigenschaften erstrecken und in engem Zusammenhang mit der Eigenschaft stehen, die Gegenstand des Analogieschlusses ist.

Zweite Regel. Die Gemeinsamkeiten sollen zahlreicher sein als die Unterschiede.

Dritte Regel. Die Unterschiede dürfen gar keine, höchstens eine geringe Bedeutung für die Schlußfolgerung haben.

Betrachten wir das erwähnte klassische Beispiel.

Folgende Eigenschaften des Mars stimmen mit Eigenschaften der Erde überein: Er ist ein Planet, er dreht sich in 24 Stunden 37 Minuten um seine Achse, die um 25 Grad gegen die Senkrechte zur Bahnebene geneigt ist (bei der Erde 23 Grad 27 Minuten). Tag und Nacht sowie die Jahreszeiten laufen ganz ähnlich wie auf der Erde ab. Er hat eine Atmosphäre, und die auf ihm herrschenden Temperaturen gestatten die Existenz gewisser auf der Erde bekannten Lebewesen. Deshalb vermuteten die Gelehrten lange Zeit, daß es auch auf dem Mars Leben gibt. Freilich wußte man über Dichte und Zusammensetzung der Marsatmosphäre nichts Genaues. Der für unsere Begriffe schroffe Temperaturunterschied zwischen Tag und Nacht war ebensowenig bekannt.

Der Analogieschluß ist eine Folgerung von Bekanntem auf Unbekanntes und besitzt gleich der unvollständigen Induktion nur Wahrscheinlichkeitswert. Er besitzt den Wert einer Fragestellung, die von der weiteren Forschung die entscheidende Antwort fordert. An die Stelle des Analogieschlusses treten in der Folge die Methoden der Beobachtung, des Experiments und die mathematische Berechnung.

Die Erforschung des Mars befindet sich in der Beobachtungsphase. Heute wissen wir, daß die Atmosphäre des Nachbarplaneten von sehr geringer Dichte ist und entgegen früheren Vermutungen zu fast 100 Prozent aus Kohlendioxyd besteht. Der Temperaturunterschied zwischen Tag und Nacht erreicht 100 Grad Celsius — den plus 15 Grad bei Zenitstellung der Sonne stehen minus 85 Grad auf der Nachtseite gegenüber. In den sechziger Jahren haben drei amerikanische Mars-Sonden — Mariner 4, 6 und 7 — im Vorbeifliegen Messungen vorgenommen. Nach den Ergebnissen enthält die Marsoberfläche keinen Sauerstoff. Demnach ist eine Entwicklung von Leben auf dem Mars ähnlich dem auf der Erde so gut wie ausgeschlossen.

Natürlich können Analogieschlüsse auch zu der Feststellung führen, daß zwei Erscheinungen in einem Punkt nicht übereinstimmen. Das Vorhandensein von Leben war im Falle der Venus viel weniger wahrscheinlich als im Falle des Mars. Die Zahnwale, die Großtierjäger sind, unterscheiden sich so sehr von den „zahnlosen" Planktonfressern, den Bartenwalen, daß manche Forscher glauben, die zwei Gruppen haben sich unabhängig voneinander aus verschiedenen Landraubtieren entwickelt.

Es gibt Sprichwörter, die das Bewußtsein möglicher Fehler bei Analogieschlüssen belegen. Zu diesen gehören das deutsche Sprichwort *Es ist nicht alles Gold, was glänzt* und das sinnmäßig entsprechende rumänische *Nicht alles, was fliegt, wird auch gegessen (Nu tot ce zboară se și mănîncă).*
Nachstehend weitere Beispiele für Analogieschlüsse.

Im US-Bundesstaat Montana sind Beweise dafür entdeckt worden, daß sich die Dinosaurier einst auf den Hügeln in großen Kolonien zum Brüten niederließen und ihre Jungen noch lange Zeit nach dem Schlüpfen umsorgten. Nun kennzeichnet dieses Verhalten mehrere Vogelarten. Weil die Reptilien mit den Vögeln eng verwandt sind — die Vögel haben sich bekanntlich aus den Reptilien entwickelt —, schloß der Forscher Richard Horner von der Princeton-Universität, daß auch die Saurier eine Art Kinderkrippe einrichteten, in der einige Erwachsenen die Jungen hüteten, während die übrigen auf Futtersuche gingen, so wie man es bei jenen Vogelarten, einschließlich des Eselspinguins, beobachtet hat (*Neuer Weg;* 28. 09. 1982, S. 1—2).

Beim Entziffern der Hieroglyphen auf dem Stein von Rosette ging der Altertumsforscher François Champollion zunächst von einem Analogieschluß aus. Jenen Stein hatte man während des ägyptischen Feldzugs von Napoleon 1799 im Nildelta gefunden. Er trägt drei Inschriften in verschiedenen Schriftzeichen: erst in den altägyptischen Hieroglyphen, dann in der aus diesen entstandenen sogenannten demotischen Schrift und in griechischen Buchstaben. (Champollion setzte voraus, daß alle drei Texte dasselbe aussagen.) Da aus dem griechischen Text zu ersehen ist, daß es sich um eine Ehrenbezeigung handelt, die die ägyptische Priesterschaft dem griechischen König Ptolemäus Philopater erwies, war anzunehmen, daß der Name dieses Königs auch in der hieroglyphischen Schrift auftritt. Hier setzte Champollion an. Der Durchbruch gelang ihm 1822; er erkannte in den Hieroglyphen ein Gemisch aus vier Elementen: Zeichen mit Wortbedeutung, Zeichen mit dem Lautwert einer Silbe, Zeichen mit dem Lautwert eines Konsonanten und Hilfszeichen.

Friedrich Engels stützte sich in der berühmten Abhandlung „Der Ursprung der Familie, des Privateigentums und des Staates" (1884) weitgehend auf Gemeinsamkeiten zwischen dem gesellschaftlichen Leben der nordamerikanischen Indianer und

jenem der alten Griechen, Römer, Kelten und Deutschen [1].
Das gesellschaftliche Leben der nordamerikanischen Indianer
war von Lewis H. Morgan studiert und in dem Werk „Die
Urgesellschaft" (1877) beschrieben worden. Morgan wies nach,
daß die ganze Gesellschaftsorganisation der Griechen und
Römer der Urzeit in Gens, Phratrie und Stamm ihre getreue
Parallele in der amerikanisch-indianischen findet. Laut Engels
hat *dieser Nachweis mit einem Schlag die schwierigsten Partien der ältesten griechischen und römischen Geschichte aufgeklärt und uns gleichzeitig über die Grundzüge der Gesellschaftsverfassung der Urzeit — vor Einführung des Staates — ungeahnte Aufschlüsse gegeben* (Marx, Engels, Werke; Bd. 21, S. 85). Engels ergänzte in seiner Abhandlung Morgans Schrift mit den neuesten Forschungsergebnissen und erweiterte insbesondere die Abschnitte über Kelten und Deutsche sowie die ökonomischen Ausführungen. Er gelangte u. a. zu dem Schluß, daß der Basileus bei den alten Griechen keineswegs ein feudaler König war, wie die Historiker glaubten (a. a. O.; S. 103—104):

Wie es mit der Erblichkeit der Vorsteherschaften bei den Irokesen und anderen Indianern stand, sahen wir. Alle Ämter waren Wahlämter meist innerhalb einer Gens und insofern in dieser erblich. Bei Erledigungen wurde der nächste Gentilverwandte — Bruder oder Schwestersohn — allmählich vorgezogen, falls nicht Gründe vorlagen, ihn zu übergehen. Ging also bei den Griechen unter der Herrschaft des Vaterrechts das Amt des Basileus in der Regel auf den Sohn oder einen der Söhne über, so ist das nur der Beweis, daß die Söhne hier die Wahrscheinlichkeit der Nachfolge durch Volkswahl für sich hatten, keineswegs aber Beweis rechtskräftiger Erbfolge ohne Volkswahl. Was hier vorliegt, ist bei den Irokesen und Griechen die erste Anlage zu besonderen Adelsfamilien innerhalb der Gentes, und bei den Griechen noch dazu die erste Anlage einer künftigen erblichen Führerschaft oder Monarchie. Die Vermutung spricht also dafür, daß bei den Griechen der Basileus entweder vom Volk gewählt oder doch durch seine anerkannten Organe — Rat oder Agora — bestätigt werden mußte, wie dies für den römischen „König" (Rex) galt.

In der „Ilias" erscheint der Männerbeherrscher Agamemnon nicht als oberster König der Griechen, sondern als oberster

---

[1] Engels spricht auch dort von Deutschen, wo es sich um Germanen handelt.

Befehlshaber eines Bundesheers vor einer belagerten Stadt. Und auf diese seine Eigenschaft weist Odysseus hin, als Zwist unter den Griechen ausgebrochen war, in der berühmten Stelle: Nicht gut ist die Vielkommandiererei, einer sei Befehlshaber usw. (...)

Mit dem nächsten Beispiel treten wir in die Gegenwart. Es bezieht sich auf die Kleinkinderpflege ausgehend von der nahen Verwandtschaft zwischen Menschenaffen und Menschen.

Schimpansen- und Gorillaweibchen, die in der Gefangenschaft aufgewachsen sind, genauer: die von ihren Artgenossen isoliert waren, können kein Affenbaby pflegen und großziehen. Bei den Menschenaffen ist der Instinkt für diese komplizierte Aufgabe schon zu schwach. Die Affenmädchen müssen, wie man jetzt weiß, wiederholt mitansehen, wie man so etwas macht, und in der Affengemeinschaft, insbesondere in der frei lebenden Horde, haben sie die Gelegenheit dazu.

Nun sind die Instinkte beim Menschen noch schwächer als bei den Menschenaffen. Aus diesen Prämissen schließen wir auf die strenge Notwendigkeit, daß angehende Menschenmütter auf die Kleinkinderpflege und beide junge Eltern vorsorglich auf ihre Erziehungspflichten vorbereitet werden. Dieser Notwendigkeit entspricht die Elternschule.

Es gibt auffällige gesetzmäßige Parallelen, was die körperliche Entwicklung der Menschenaffen und der Menschen von der Geburt bis zur Reife anbelangt. Aus diesen Parallelen zog der Gelehrte Richard Huber von der Universität Freiburg im Breisgau einen Schluß auf das Aussehen der künftigen Menschen. Seine Überlegungen sind unter dem Titel „Nicht an der Zukunft des Menschen verzweifeln" (am 22. 07. 1981) in der Wiener Zeitschrift „Die Furche" erschienen; der „Neue Weg" hat sie (am 27. 09. 1981) unter dem Titel „Wie werden die Menschen der Zukunft aussehen?" nachgedruckt. Hier ein Fragment.

Ein neugeborener Schimpanse, Gorilla oder Orang-Utan ist anatomisch einem erwachsenen Menschen sehr viel ähnlicher als einem erwachsenen Artgenossen.

So ist zum Beispiel das Verhältnis seines Gehirnschädels zum Gesichtsschädel etwa gleich dem eines erwachsenen Menschen, während dann beim heranwachsenden Pongiden der Gesichtsschädel mit den mächtigen Kiefern dominiert. Das aber heißt: Der Schimpanse entwickelt sich im Lauf seines individuellen Lebens formal wieder ins „Äffische" zurück, nachdem er vielversprechend als ein schon ziemlich menschenähnliches Wesen begonnen hatte.

Und ob man das gerne hört oder nicht: Dem Menschen selbst widerfährt im Lauf seiner Eigenentwicklung (Ontogenese) das gleiche. Auch er fängt im Mutterleib hoffnungsvoll als ein Gehirnwesen an, um dann im Lauf seines Heranwachsens auf der bescheideneren formalen Standard eines neugeborenen Schimpansen zurückzusinken.

Das ist eine provozierende, doch morphologisch belegbare Feststellung. Die Evolution der Hominiden und Homininen, ließe sich weiter folgern, ging und geht offenbar so vor sich, daß sich — selbstverständlich erst im Lauf von vielen tausend Generationen — der Typus mehr und mehr seiner Jugendform annähert.

Aus dieser Analogie der individuellen Entwicklung schließt der Gelehrte aufgrund der nahen Verwandtschaft zwischen Menschen und Menschenaffen, daß die Menschen der Zukunft — vielleicht in 10 000 und sicher in 50 000 Jahren — einem Kind, einem Neugeborenen, ja einem Fetus immer ähnlicher sein werden, und das bedeutet: dünnhäutig, haarlos, schwachknochig und großköpfig. Er verbindet diese Prognose mit der Hoffnung, daß der Mensch künftiger Jahrtausende nicht nur seine Gestalt beträchtlich verändert haben wird, sondern auch ein instinktunabhängigeres, weltoffeneres, geistig höherstehendes und liebenswerteres Wesen geworden sein wird als der Mensch der letzten historischen Jahrtausende.

DIÄT NACH MASS

„Sie müssen Diät halten", erklärt der Arzt dem Patienten. „Was sind Sie von Beruf?"

„Schwertschlucker. Ich arbeite beim Zirkus."

„Dann dürfen Sie ab sofort nur noch Obstmesser zu sich nehmen."

V. DIE BEWEISE

Es gibt Aussagen, die wir ohne weiteres als wahr anerkennen. Zu ihnen gehören die Axiome, die sogenannten einfachen Tatsachenfeststellungen und die Aussagen, deren Richtigkeit in der Vergangenheit bewiesen werden mußte, die aber längst vollständig in das allgemeine Bewußtsein übergegangen sind.

Als **Axiome** bezeichnet man die Aussagen, die durch Erfahrung millionenmal bestätigt worden sind. Nachstehend einige Beispiele aus der Geometrie: Durch zwei Punkte geht nur eine Gerade. In einer Ebene existieren drei Punkte, die sich nicht auf derselben Geraden befinden. Durch einen Punkt A, der nicht auf der Geraden d liegt, geht höchstens eine Parallele zu d.

Wir kennen Sprichwörter, die Axiomen gleichen: Der Regen fällt immer nach unten. Niemand kann über seinen eigenen Schatten springen. Feuer und Wasser kann man nicht mischen. Wes das Herz voll ist, dem geht der Mund über.

Einfache Tatsachenfeststellungen sind beispielsweise folgende Sätze: Siebenbürgen liegt im Karpatenbogen. Traian Vuia war ein Pionier der Luftfahrt. Es ist elf Uhr.

Anschließend Beispiele für **Aussagen, die längst in das allgemeine Bewußtsein übergegangen sind:** Das gewöhnliche Kalenderjahr hat 365 Tage. Die Pflanzen brauchen zur Herstellung von Blattgrün Sonnenlicht. Für den Ackerbau sind die Regenwürmer außerordentlich nützlich. Das Blut versorgt die Körperteile mit Sauerstoff. Paprika enthält C-Vitamin. Die Menschen und die Menschenaffen haben gemeinsame Vorfahren.

Abgesehen von diesen drei Kategorien von Aussagen wird es zuweilen notwendig, die Richtigkeit einer Behauptung zu bestätigen — zu zeigen, daß die Behauptung der Wirklichkeit entspricht. Dafür gibt es mehrere Möglichkeiten: a) durch andere Aussagen, deren Richtigkeit bereits bestätigt ist; b) durch Aussagen, die auf Erfahrung, Beobachtung oder Experimenten beruhen; c) durch praktische Anwendung. In der Praxis verflechten sich diese Vorgangsweisen miteinander.

Die Bestätigung einer Aussage durch ihre Verbindung mit mehreren anderen, deren Richtigkeit anerkannt ist, heißt in der Logik **Beweis** und gilt als ein Schluß besonderer Art. In der Logik ist der Beweis ein Denkverfahren; wir dürfen ihn nicht mit den Beweisstücken oder Beweismitteln (Dokumenten, Spuren usw.) verwechseln, die in der Umgangssprache ebenfalls *Beweise* heißen.

Ein Beweis setzt sich aus mehreren Teilen zusammen: aus dem **Beweissatz,** in dem gesagt wird, was zu beweisen ist; aus den **Beweisgründen,** die als Argumente dienen, d. h. Prämissen für die Schlußfolgerung darstellen; aus dem **Schlußsatz,** in dem die Richtigkeit des Beweissatzes bekräftig wird.

In der Praxis zieht man als Prämissen nach Möglichkeit Beweisgründe heran, deren Wahrheit niemand bezweifelt. Hier ein historisches Beispiel:

Es soll bewiesen werden, daß die Erde (unser Planet) annähernd kugelförmig ist.

Wenn man sich auf einer Kugel, von einem bestimmten Punkt ausgehend, beständig in dieselbe Richtung fortbewegt, dann gelangt man nach einiger Zeit erneut zu jenem Punkt.

Falls die Erde annähernd kugelförmig ist, muß es bei ihr auch so sein.

Magellans Expedition startete in Spanien, segelte nach Westen und kehrte drei Jahre später nach Spanien zurück. (Wir sehen über die unvermeidlichen Abweichungen in Süd- bzw. Nordrichtung hinweg.)

Folglich ist die Erde annähernd kugelförmig.

Wir wissen, daß dieser Beweis bereits Kolumbus vorschwebte. Seine Prämisse lautete konkret: Falls man von Spanien aus nach Westen segelt, gelangt man nach Indien. Damals wurde zwischen den Ländern des fernen Ostens kein genauer Unterschied gemacht, Indien stand für Ostasien überhaupt. Niemand ahnte, daß zwischen Europa und Asien ein Kontinent liegt. Weil Kolumbus glaubte, in Indien gelandet zu sein, nennt man die Karibik bis heute *Westindien* und die Urbevölkerung Amerikas *Indianer*.

Im einfachsten Fall ist der Beweis mit einem Syllogismus identisch. Wir schließen dann aus einer allgemeinen Aussage (in unserem Beispiel über die Kugel) auf die Richtigkeit einer besonderen Aussage (in unserem Beispiel über die Erde). Viel öfter setzen sich die Beweise aus einer Reihe von Schlüssen zusammen, die allgemeine, bereits überprüfte Aussagen mit einzelnen Tatsachen verbinden.

Man unterscheidet zwischen direktem und indirektem Beweis.

Beim **direkten Beweis** wird die Wahrheit des zu beweisenden Satzes unmittelbar aus den Beweisgründen abgeleitet. Er ist das häufigste Beweisverfahren.

Beim **indirekten Beweis** wird die Wahrheit einer Aussage bestätigt, indem man die Falschheit jener Aussage aufdeckt, die ihr kontradiktorisch entgegengesetzt ist. Man beweist die Absurdität des Gegensatzes (lateinisch: deductio ad absurdum oder reductio ad absurdum).

Der indirekte deduktive Beweis ist die Anwendung des hypothetischen Syllogismus mit verneinendem Modus:
Wenn S — P ist, so ist S1 — P1.
S1 ist nicht P1.
Folglich ist S nicht P.
Dafür anschließend Beispiele.
(1) Es soll bewiesen werden, daß auf dem Mars kein Leben ähnlich dem auf der Erde existiert.
Wenn auf dem Mars Leben ähnlich dem auf der Erde existiert, dann gibt es dort Wasser und Sauerstoff.
Auf der Marsoberfläche gibt es kein Wasser.
Die Marsatmosphäre enthält keinen Sauerstoff.
Also existiert auf dem Mars kein Leben ähnlich dem auf der Erde.
(2) Es soll bewiesen werden, daß Atlantis nicht auf Grönland gelegen ist.
Wenn Atlantis auf Grönland gelegen ist, war diese Insel den Griechen zur Zeit Platos bekannt.
Grönland war den Griechen zur Zeit Platos nicht bekannt.
Also ist Atlantis nicht auf Grönland gelegen. (Dasselbe gilt für Amazonien, Simbabwe, Madagaskar und die Osterinsel. Nach: Kehnscherper, *Auf der Suche nach Atlantis;* S. 9—10.)

Bei der Aufstellung eines Beweises halten wir uns an folgende Regeln:
Erste Regel. Der Beweissatz soll eindeutig formuliert sein.
Zweite Regel. Im Laufe des Beweises darf der Beweissatz nicht abgeändert werden.
Dritte Regel. Die Beweisgründe sollen wahr sein.
Vierte Regel. Die Beweisgründe sollen als zureichender Grund für den Beweissatz dienen.
Fünfte Regel. Die Beweisgründe sollen Aussagen sein, deren Wahrheit vom Beweissatz unabhängig bewiesen wurde.

Eine Sonderform des Beweises ist die **Widerlegung.** Durch sie wird die Falschheit einer Behauptung aufgedeckt. Auch dafür gibt es mehrere Möglichkeiten: a) Man widerlegt die im falschen Beweis angeführten Beweisgründe; b) man widerlegt die Art und Weise, wie die Beweisgründe im falschen Beweis verbunden sind; c) man beweist die Aussage, die der falschen Behauptung kontradiktorisch entgegengesetzt ist.

Betrachten wir ein Beispiel. Antoine de Lavoisier (1743 bis 1794) wollte widerlegen, daß Wasser sich durch Erhitzen in Erde verwandelt, wie J. B. van Helmont und Robert Boyle behauptet hatten. 25 Tage lang erhitzte er eine genau gemessene und gewogene Menge Wasser, das in geschlossenem Kreislauf verdunstete, kondensierte und erneut kochte. Nach 25 Tagen bemerkte er einen feinen Niederschlag, der aber mengenmäßig für eine praktische Untersuchung zu gering war. Also ließ er das Wasser weiter erhitzen, und zwar hundert Tage lang. Dann, nachdem es abgekühlt war, wog er sowohl das Wasser und den Niederschlag als auch das Glasgefäß ab. Das Gewicht des Wassers hatte sich nicht verändert, wohl aber das Gewicht des Glaskolbens (was seinen Vorgängern entgangen war), und zwar genau um den Beitrag des Niederschlags. Auch Glas löst sich im Wasser, freilich nur wenig, doch wenn man lange genug wartet, ergibt sich eine beachtliche Menge. Seine Vorgänger hatten den Niederschlag für Erde gehalten.

Lavoisier hatte bewiesen, daß Wasser sich nicht in Erde verwandelt. Das geschah um 1770. Es war der erste experimentelle Beweis dafür, daß die althergebrachten Ideen über die Elemente Wasser, Erde, Feuer usw. und über die Umwandlung des einen in das andere gründlich überprüft werden müssen.

Wir können diese Widerlegung folgendermaßen in Sätze fassen:

Es soll widerlegt werden, daß Wasser sich durch Erhitzen in Erde verwandelt.

Eine Menge Wasser wurde 125 Tage lang erhitzt, so daß es in geschlossenem Kreislauf beständig verdunstete und kondensierte.

Das Gewicht der Wassermenge hat sich in dieser Zeit nicht verändert.

Das Gewicht des Glaskolbens hat sich verändert.

Der Gewichtsverlust stimmt mit dem Gewicht des im Wasser gefundenen Niederschlags überein.

Der Niederschlag ist mit der im Wasser aufgelösten Glasmenge identisch.
Also verwandelt sich Wasser durch Erhitzen nicht in Erde.
Betrachten wir noch ein Beispiel. Emil Racoviță (1868 bis 1947) widerlegte die Behauptung, daß die Wale Wasser ausstoßen wie ein Springbrunnen — eine seit Aristoteles verbreitete Legende (*Opere alese;* S. 167—172). Er ging so vor:
Zunächst führte er das Argument ins Treffen, daß er den Vorgang aus nächster Nähe beobachtet und kein Wasser festgestellt hat [1]. Dann bewies er mittels einer schon bekannten Tatsache, daß kein Wasser aus der Mundhöhle des Wals zum sogenannten Spritzloch gelangen kann: Der Kehlkopf des Wals ist durch eine Verlängerung mit dem Spritzloch verbunden, auf diese Weise sind die Atemwege vom Verdauungskanal getrennt. Schließlich führte er die Meinung ad absurdum, die Wale hätten die Fähigkeit, eine Wassersäule zu erzeugen, die eine Höhe von mehreren Metern erreicht (beim Blauwal 15 Meter). Dazu wäre ein starker Druck notwendig. In der Mundhöhle kann es zu keinem solchen Druck kommen, weil sie nicht fest verschließbar ist. Ein entsprechender Druck entsteht nur in der Lunge. Um mehrere Meter hoch zu steigen, müßte das Wasser vorher in die Lunge gelangen und von dort ausgepreßt werden, und das ist absurd. Es handelt sich nicht um Wasser. Es handelt sich um Wasserdampf, der mit der Atemluft ausgestoßen wird und in der kalten Luft kondensiert. (Der im Deutschen übliche Name *Spritzloch* ist eine herkömmliche falsche Bezeichnung.)
Anschließend gab Racoviță die Erklärung dafür, warum der vom Wal ausgestoßene Wasserdampf nicht nur in den polaren Zonen, sondern im Falle des Pottwals auch in den Tropen zu sehen ist, wo die Lufttemperatur 30 Grad Celsius erreicht. Die unter starkem Druck ausgestoßene Atemluft dehnt sich plötzlich aus und kühlt dabei wie jedes andere Gas ab, so daß der Dampf kondensiert.

DER ZAUNKÖNIG

„Brigitte, was ist ein Zaunkönig?"
„Irgendso'n blöder Fisch."
„Unsinn. Das Tier hüpft von Ast zu Ast."
„Da können Sie mal sehn, wie blöd das Vieh ist."

---

[1] Racoviță nahm an der belgischen Antarktis-Expedition unter Adrien de Gerlache 1897—1899 teil.

GEDULD

„Sie können den Posten nur ausfüllen, wenn Sie die allergrößte Ruhe und Geduld aufbringen!"

„Kann ich", nickt Noak. „Ich bin Besitzer eines Benzinfeuerzeugs!"

ZUSTÄNDE

„Wie geht es Ihnen?"

„Schlecht, Herr Doktor. Jetzt schmecken mir nicht einmal die Speisen mehr, die Sie mir verboten haben."

ZUM KURIER GEEIGNET

Ein amerikanischer Businessman prüft Bewerber für einen Kurierposten in seinem Büro. „Junger Mann, was wir brauchen, ist ein kluger, flinker, energischer Mensch mit prompten Reflexen. Fühlen Sie sich diesen Anforderungen gewachsen?"

„Ich glaube schon, Sir. Soeben habe ich fünf andere Bewerber aus Ihrem Vorzimmer hinausgeschmissen."

EINDEUTIG BETRUNKEN

„Zugegeben, ich kniete auf der Autobahn. Aber damit ist noch lange nicht bewiesen, daß ich betrunken war!"

„Nicht unbedingt", räumt der Richter ein. „Doch wie erklären Sie, daß Sie versucht haben, den Mittelstreifen aufzurollen?"

DAS ARGUMENT

„Was hat der Gast in unser Beschwerdebuch geschrieben?"

„Nichts. Er hat nur das Schnitzel eingeklebt."

AUSKLANG

Die Quadratur des Kreises

Immer wieder haben die Menschen aus Fehlern gelernt, gewöhnlich aus ihren eigenen, sehr selten aus fremden, obwohl das letztere ausgesprochen billiger ist. Als ob sie kein rechtes Vertrauen zu den Fehlern von anderen hätten — jeder will einmal für sich mit dem Kopf durch die Wand. Vielleicht ist dieses Mißtrauen angeboren. Irgendwann probiert jedes Kind, über seinen Schatten zu springen, und erst nach fünf oder noch mehr mißlungenen Versuchen gibt es auf. Durch Schaden wird man klug, heißt es im Volksmund, und das ist wahr, doch für unsere Zwecke ist diese Wahrheit zu allgemein formuliert — wir brauchen sie genauer.

Also: Die meisten Menschen haben es noch nicht heraus, wie man Konsequenzen aus den Mißerfolgen anderer zieht, und warten mit dem Klügerwerden, bis sie selbst einen Fehler machen; manche schlagen sogar solche Gelegenheiten aus. Dazu sagte ein Philosoph, der den qualitativen Unterschied im Fehlermachen erkannt hatte: Die Dummen begehen immer wieder dieselben Irrtümer, die Klugen immer neue. Ein anderer Philosoph meinte sogar, daß die gescheiten Leute sich die Erfahrungen aussuchen, die sie zu machen wünschen.

Auf jeden Fall ist der Weg von der Dummheit zur Klugheit mit den Scherben von Hypothesen gepflastert. Was hat man nicht alles versucht — und was ist nicht alles mißlungen! Die negativen Erfahrungen von Millionen haben in der Sprache, die eine Art kollektives Gedächtnis darstellt, Spuren hinterlassen — Sprichwörter und sprichwörtliche Redensarten über unmögliche oder unnötige Dinge. Wir dürfen sie mit den Warnschildern vergleichen, die am Eingang von Sackgassen angebracht sind. Der menschliche Verstand ist so weit gelangt, daß er mit falschen Ideen, mit mißglückten Lösungsversuchen spielt und spaßhalber allgemein bekannte Beziehungen auf den Kopf stellt. Darin äußert sich seine Sicherheit.

Ich kann mir keinen besseren Abschluß für ein heiteres Lehrbuch der Logik vorstellen als den Hinweis auf diese Tatsache.

Zuerst sei die Redensart von der Quadratur des Kreises genannt. Man will mit ihr zum Ausdruck bringen, daß ein Vorhaben aussichtslos ist. Jahrhundertelang hat die Aufgabe, allein mit Zirkel und Lineal einen vorgegebenen Kreis in ein flächengleiches Quadrat überzuführen, die Mathematiker gereizt und gefoppt. Erst nachdem F. Lindemann 1882 die Transzendenz der Kreiszahl Pi nachgewiesen hatte, konnte mit der Galois-Theorie gezeigt werden, daß diese Aufgabe in einem endlichen Teil der Ebene nicht zu lösen ist.

Die Französische Akademie hat diesen Beweis nicht abgewartet. Bereits 1778 faßte sie den Beschluß, keinerlei Lösung mehr für die Verdoppelung des Würfels, für die Dreiteilung des Winkels oder für die Quadratur des Kreises zu prüfen, noch irgendeine Maschine, die als Perpetuum mobile angekündigt wird. Sie begründete den Beschluß folgendermaßen: Diese Art Forschung hat den Nachteil, kostspielig zu sein, mehr als eine Familie zu ruinieren, und oft haben Mechaniker, die Großes hätten leisten können, ihre Zeit und Begabung damit vergeudet.

Anschließend ähnliche Redensarten und Sprichwörter: *Eulen nach Athen tragen; das Bett an fünf Zipfeln anpacken wollen; von etwas reden wie der Blinde von der Farbe; den Bock melken wollen; den Bock zum Gärtner machen; den Bock auf die Haferkiste setzen; wenn die Böcke lammen; von etwas soviel verstehen wie der Hahn vom Eierlegen; er paßt dazu wie der Esel zum Lautenschlagen; wenn die Hunde mit dem Schwanz bellen; wie der Igel zum Handtuch passen; mit Kanonen auf Spatzen schießen; das Gerade krumm und das Krumme gerade machen; eine Orchidee im Küchengarten; auf der Leitung sitzen; einen Mohren weißwaschen wollen; nach dem Mond greifen; Vorgetan und nachgedacht hat manchem schon groß Leid gebracht; Den Nackten kann man nicht ausziehen; dazu taugen wie der Ochse zum Seiltanzen; die Ochsen hinter den Pflug spannen; Wasch mir den Pelz und mach ihn mir nicht naß; Perlen vor die Säue werfen; das Pferd hinter den Wagen spannen; das Pferd beim Schwanz aufzäumen; das fünfte Rad am Wagen sein; mit Stroh löschen; Holz in den Wald tragen; das Wasser pflügen; gegen Windmühlen kämpfen.*

Kleine Kinder verdrehen spaßhalber die Wirklichkeit, um zu beweisen, wie gut sie Bescheid wissen. Dieses Verhalten hat in den sogenannten Umkehrungsversen, die in allen Spra-

chen vorkommen, einen künstlerischen Ausdruck gefunden.
Zum Beispiel:

>Der Bauer malt die Bilder,
>der Maler pflügt die Felder.
>
>Der Bäcker näht die Kleider,
>Brote bäckt der Schneider.
>
>Der Hund miaut,
>die Katze bellt,
>der Apfel von dem Kirschbaum fällt.
>
>Der Ball hat vier Ecken,
>der Würfel ist rund,
>der Himmel ist grün,
>und die Sonne ist bunt.

Welch großen Spaß die Erwachsenen an Umkehrungen in den Bereichen Möglich-unmöglich und Klug-dumm haben, das zeigen die vielen Lügenmärchen, die Münchhausen-Geschichten, die Schwankmärchen über Dummköpfe, Tölpel und Narren wie „Der gescheite Hans", „Die kluge Else", „Der Frieder und das Katherlieschen", „Hans im Glück" und „Die klugen Leute" (*Kinder- und Hausmärchen* der Brüder Grimm Nr. 32, 34, 59, 83 und 104), desgleichen Gags von Stan und Bran, die mit treuherzigem Augenaufschlag, mit einem gutgläubigen Lächeln zum fünften Mal die Lösung versuchen, die sich als falsch erwiesen hat, das zeigen ferner Humoresken und Witze. Anschließend ein Text des Komikers Karl Valentin, dem nachgerühmt wird, daß er zu einer absurden, abgründigen Logik gelangte, indem er ernsthaft bemüht die Sprache als Denkvehikel benützte.

DAS AQUARIUM

(...) Das ganze Aquarium ist nicht größer als so (zeigend), sagn wir, das sind die zwei Glaswände — ich erklärs Ihnen nur, daß Sies besser verstehn —, und das sind auch zwei Wände und unten is der Boden, ders Wasser haltet, damits Wasser nicht unten wieder durchläuft, wenn man oben eines hineinschüttet. Wenn der Boden nicht wär, da dürfen Sie oben zehn, zwanzig, dreißig Liter neinschütten, das tät alles wieder unten durchrinnen. Bei einem Vogelhaus ist das ganz etwas anderes.

Bei einem Vogelhaus sind die Wände auch so ähnlich wie bei einem Aquarium, nur sind die bei einem Vogelhaus nicht aus Glas, sondern aus Draht. Das wär natürlich ein großer Unsinn, wenn das bei einem Aquarium auch so wär, weil dann das Aquarium 's Wasser nicht halten könnt, da rinntes Wasser immer neben dem Draht heraus. Darum is eben alles von der Natur so wunderbar eingrichtet. Ja, und ich hab eben in dem Aquarium Goldfisch drin, und im Vogelhaus hab ich einen Vogel; jetzt hat mich neulich einmal die Dummheit plagt, hab ich die Goldfisch ins Vogelhaus und den Kanarienvogel ins Aquarium getan.

Natürlich sind die Goldfisch im Vogelhaus immer wieder vom Stangl runtergrutscht, und der Kanarienvogel wär mir im Aquarium bald ersoffen, dann hab ich wieder die ganze Gschicht beim alten lassen und hab den Vogel wieder ins Vogelhaus und die Goldfisch wieder ins Aquarium getan, wos hingehören.

Jetzt sind die Fisch wieder lustig im Aquarium umhergeschwommen, zuerst so nüber, dann so nunter, die schwimmen fast jeden Tag anders. Vorgestern ist mir nun ein Malheur passiert, ich hab gesehn, daß die Fisch mehr Wasser brauchen, und hab einen Wassereimer voll nachgfüllt, derweil war das zuviel, jetzt ist das Wasser so hoch (zeigend) über das Aquarium herausgstandn, das hab ich aber erst den andern Tag bemerkt, und ein Goldfisch ist über den Rand nausgschwommen und ist am Boden nuntergfallen, weil wir in dem Zimmer, wo das Aquarium steht, habn wir unten einen Boden, und da ist er dann dortglegn, aber erst, wie ers Fallen aufgehört hat.

Jetzt hat aber der Fisch am Boden kein Wasser ghabt, weil wir so außer im Aquarium habn wir weiter kein Wasser im Zimmer.

Dann hat meine Hausfrau gesagt: „Sie werden sehn, der Fisch wird am Boden drunt kaputt, es ist das beste, Sie bringen den Fisch um." Daß er nicht so lang leiden muß, hab ich mir gedacht, mitn Hammer erschlagn? Schließlich haust dich aufn Finger, also erschieß ich ihn. Dann hab ich mir aber gedacht: Schließlich triffst ihn nicht recht, dann muß er erst recht leiden, da ists schon gscheiter, hab ich gsagt, ich nehm den Fisch und trag ihn in die Isar und tu ihn ertränken.

DIE UNMÖGLICHE TATSACHE

Palmström, etwas schon an Jahren,
wird an einer Straßenbeuge
und von einem Kraftfahrzeuge
überfahren.

„Wie war" (spricht er, sich erhebend
und entschlossen weiterlebend)
„möglich, wie dies Unglück, ja —:
daß es überhaupt geschah?"

„Ist die Staatskunst anzuklagen
in bezug auf Kraftfahrwagen?
Gab die Polizeivorschrift
hier dem Fahrer freie Trift?"

„Oder war vielmehr verboten,
hier Lebendige zu Toten
umzuwandeln — kurz und schlicht:
D u r f t e hier der Kutscher nicht —?"

Eingehüllt in feuchte Tücher,
prüft er die Gesetzesbücher
und ist alsobald im klaren:
Wagen durften dort nicht fahren!

Und er kommt zu dem Ergebnis:
Nur ein Traum war das Erlebnis.
Weil, so schließt er messerscharf,
nicht sein kann, was nicht sein darf.

Christian Morgenstern

Zuletzt ein Witz, der eine Spitzfindigkeit ins Lächerliche zieht:

DER PEDANT

A: „Welche Uhr ist besser: eine, die steht, oder eine, die ewig verspätet?"
B: „Ich ziehe die Uhr vor, welche steht, denn sie zeigt mir doch zweimal täglich die richtige Zeit, die andere dagegen nie!"

Die Qualität einer Uhr hängt davon ab, wie genau sie die Zeit angibt. Bei der stehenden Uhr wissen wir nicht, wann der Zeigerstand mit der realen Zeit übereinstimmt — deshalb ist sie als Zeitmesser unbrauchbar. Im Notfall wird jeder vernünftige Mensch nach der anderen greifen.

LITERATURVERZEICHNIS

Andrei, Titus, Popescu, Dinu, *Din caietul grefierului*, București, 1981

Ban, Tiberiu, *Trei milenii de umor*. București 1970.

Benedek, Elek, *Die Wunderziege. Ein Märchenbuch für alle Kinder*. Bukarest 1972

Bernal, J. D., *Die Wissenschaft in der Geschichte*. Berlin 1961

Bieltz, Petre, Istrate, Anghelina, *Logica*. Clasa a X-a — pentru liceele pedagogice. București 1983

Bull, Bruno Horst, *Ratespaß — für jeden was*. Freiburg, Basel, Wien 1980

Caragiale, I. L., *Ausgewählte Werke. Bühnenspiele*. Bukarest 1953

Dornseiff, Franz, *Der deutsche Wortschatz nach Sachgruppen*. Berlin 1959

Doyle, Arthur Conan, *Sherlock Holmes. 17 Detektivgeschichten*. Berlin 1985

Doyle, Arthur Conan, *Die Wiederkehr von Sherlock Holmes. Sämtliche Sherlock-Holmes-Erzählungen*. Band III. Leipzig und Weimar 1985

Enescu, Gheorghe, *Dicționar de logică*. București 1985

Evans, Allen Roy, *Der Zug der Rentiere*. In: *Schatzkätschen der Weltliteratur. Lesestoff für die Klassen V—VIII*. București 1975

Fogarasi, Béla, *Logik*. Berlin 1955

Fradkin, N., *Din istoria hărții. Pagini din istoria descoperirilor geografice*. București 1961

Fuchs, R. Walter, *Knaurs Buch der modernen Physik*. München/Zürich 1971

Galletti, Johann Georg August, *Gallettiana*. Als Neudruck herausgegeben und mit einem Nachwort versehen von Hort Kunze. Leipzig 1970

Golu, M., Zlate, M., Didilescu, I., Manolescu, C., *Psihologie generală și noțiuni de logică* (Anul III licee real-umaniste, de artă și sanitare). București 1976

Haltrich, Josef, *Sächsische Volksmärchen aus Siebenbürgen*. Herausgegeben von Hanni Markel. Bukarest 1971

Hering, Elisabeth, *Schrieb Noah schon?* Leipzig 1965

Hoving, H., *Der Pfau ist ein blühendes Huhn. Kinder sehen unsere Welt*. Bergisch Gladbach 1969

Ispirescu, Petre, *Der Zauberkater*. Bukarest 1982

Jefremow, Iwan, *Das Land aus dem Meeresschaum*, Moskau o. J.

Jung, Walter, *Grammatik der deutschen Sprache*. Leipzig 1967

Kehnscherper, Günther, *Auf der Suche nach Atlantis*. Berlin 1980

Kruif, Paul de, *Mikrobenjäger*. Zürich — Leipzig 1940

Lawick-Goodall, Jane van, *În umbra omului*. București 1985

Lariciov, V. E., *În căutarea strămoșilor lui Adam. Povestirile unui arheolog*. București 1986

Lehmann, Johannes, *Kurzweil durch Mathe*. Leipzig, Jena, Berlin 1981

Mark Twain, *Huckleberry Finn*. Leipzig o. J.

Marx, Karl, Engels, Friedrich, *Werke*. Band 21. Berlin 1962

Melville, Herman, *Moby Dick oder Der Wal*. Bukarest 1974

Morgenstern, Christian, *Alle Galgenlieder*. Berlin 1932

Muscan, Catinca, *Orele lui Prometeu*. București 1986

Perelman, J. I., *Heitere Mathematik*. Berlin 1959

Popovici, Ioan, Caloianu, Nicolae, Ciulache, Sterie, Lețea, Ion, *Enciclopedia descoperirilor geografice*. București 1975

Racoviță, Emil, *Opere alese*. București 1964

Ráth-Végh, István, *Istoria culturală a prostiei omenești*. București 1969

Rossini, Gioacchino, *Der Barbier von Sevilla. Komische Oper in zwei Aufzügen*. Leipzig o. J.

Rüger, Bruno, *Rätsel, Jux und Zauberei. Ein Buch zur heiteren Unterhaltung*. Berlin 1966

Sperling, Walter, *Denkspiele für kluge Köpfe*. Zürich 1940

Solomon, M., *Lumini în retortă*. București 1962

Stoll, Alexander Heinrich, *Der Traum von Troja. Lebensroman Heinrich Schliemanns*. Berlin 1957

Tschukowski, Kornej, *Kinder von 2 bis 5*. Berlin 1968

Valentin, Karl, *Monologe, Dialoge, Couplets, Szenen*. Berlin 1976

Velichi, Neculai, *Anecdotele științei*, București, 1971

* * * *Almanahul umorului. Umor la început de secol*. București 1987

* * * *Das größte Insekt ist der Elefant. Professor Gallettis sämtliche Kathederblüten*. Neu herausgegeben und nach den besten Quellen vermehrt und eingeleitet von Helmut Minkowski. Nördlingen 1986

* * * *Humor aus Gabrovo*. Ausgewählt und nacherzählt von Stefan Fortunov, Peter Prodanov. Sofia o. J.

* * * *Lebende Karpfen — auch geteilt. Ein Kunterbunt unfreiwilligen Humors aus Büchern, Zeitschriften, Gesetzblättern, Protokollen,*

Prospekten, Poesiealben, guten Stuben und schlechten Schaufenstern. Zusammengesucht und herausgegeben von Heinz Seydel. Berlin 1980

* * * *Kindermund.* Lesereinsendungen an die Zeitung DAS VOLK. Erfurt; Bd. 1 — 1972, Bd. 2 — 1975, Bd. 3 — 1977

* * * *Kinder- und Hausmärchen.* Gesammelt durch die Brüder Grimm. Berlin 1960

* * * *Mein kleines Rätselbuch.* Alte und neue Rätsel und Rätselspiele für Kinder. Berlin 1969

* * * *Nach sieben Tagen und sieben Nächten. Tschechische Märchen.* Berlin o. J.

* * * *Neue Rätselstiege.* Zusammengestellt von Else Tümmel. Stuttgart 1965

* * * *„Neuer Weg".* Organ der Front der Sozialistischen Demokratie und Einheit. (Erscheint seit dem 13. März 1949 in București.)

* * * *Philosophisches Wörterbuch.* Herausgegeben von Georg Klaus und Manfred Buhr. Leipzig 1966

* * * *Rat zu, was ist das. Rätsel und Scherzfragen aus fünf Jahrhunderten.* Herausgegeben von Ulrich Bentzien. Rostock 1975

* * * *Rîdeți, copii!* Antologie de anecdote și epigrame, selecționate, prelucrate sau create de Patița Silvestru și George Zarafu. București 1985

* * * *Russische Märchen.* Moskau o. J.

* * * *Schatzkästchen der Weltliteratur.* Lesestoff für die Klassen V—VIII. Zusammengestellt von Hans W. Schneider. București 1975

* * * *Spaß und Spiel.* Anregungen für fröhliche Stunden mit Vorschulkindern. Berlin 1977

* * * *Spiel mit — rate mit.* Zusammengestellt und bearbeitet von Dieter Wilkendorf und Peter Haunschild. Berlin 1958

INHALT

Einleitung 5
I. Die vier Grundsätze 11
   1. Der Satz von der Identität 11
   2. Der Satz vom ausgeschlossenen Widerspruch 20
   3. Der Satz vom ausgeschlossenen Dritten . . 26
   4. Der Satz vom zureichenden Grund . . . 28
II. Die Begriffe 33
   1. Begriff und Wort 33
   2. Die Definitionen 45
   3. Klassifikation und Division 61
III. Die Aussagen 67
IV. Die Schlüsse 75
   1. Die unmittelbaren Schlüsse 77
   2. Die Deduktion 80
   3. Die Induktion 107
   4. Der Analogieschluß 117
V. Die Beweise 123
Ausklang 129
Literaturverzeichnis 135

Lektor: Hedi Hauser
Technischer Redakteur: Walter Weidle

Format: 16/61×86. Verlagsbogen: 7,472. Druckbogen: 8,75
Imprimatur: 10.05.1989. Erscheinungsjahr: 1989

Satz und Druck unter Bestellunummer 140 im polygraphischen Betrieb „13 Decembrie 1918", Grigore-Alexandrescu-Straße 89—97, Bucureşti, Sozialistische Republik Rumänien